_____ 님의 소중한 미래를 위해
이 책을 드립니다.

행복을 부르는
자기대화법

## TALKING TO YOURSELF

# 행복을 부르는
# 자기대화법

**파멜라 버틀러** 지음 | **박미경** 옮김

소울메이트

소울메이트 우리는 책이 독자를 위한 것임을 잊지 않는다.
우리는 독자의 꿈을 사랑하고,
그 꿈이 실현될 수 있는 도구를 세상에 내놓는다.

## 행복을 부르는 자기대화법

**초판 1쇄 발행** 2016년 1월 8일 | **지은이** 파멜라 버틀러 | **옮긴이** 박미경
**펴낸곳** (주)원앤원콘텐츠그룹 | **펴낸이** 강현규 · 박종명 · 정영훈
**책임편집** 이은솔 | **편집** 최윤정 · 김효주 · 최윤경 · 유채민 · 길혜진 · 주효경 · 민가진
**디자인** 최정아 · 김혜림 · 홍경숙 | **마케팅** 송만석 · 서은지 · 김서영
**등록번호** 제301-2006-001호 | **등록일자** 2013년 5월 24일
**주소** 100-826 서울시 중구 다산로16길 25, 3층(신당동, 한흥빌딩) | **전화** (02)2234-7117
**팩스** (02)2234-1086 | **홈페이지** www.1n1books.com | **이메일** khg0109@1n1books.com
**값** 15,000원 | **ISBN** 978-89-6060-596-1 03180

소울메이트는 (주)원앤원콘텐츠그룹의 인문·사회·예술 브랜드입니다.
잘못 만들어진 책은 구입하신 서점에서 교환해 드립니다.
이 책을 무단 복사, 복제, 전재하는 것은 저작권법에 저촉됩니다.

이 도서의 국립중앙도서관 출판시도서목록(CIP)은 e-CIP홈페이지(http://www.nl.go.kr/ecip)에서
이용하실 수 있습니다.(CIP제어번호 : CIP2015033714)

당신의 외부에 있는 것보다
당신의 내면에 있는 것을 더 믿어라.

− B. C. 포브스 −

# 자신에게 하는 말을 바꾸면 인생이 달라진다

지금까지 살아오면서 당신의 삶에 제일 큰 영향을 준 사람을 단한 사람만 들라고 하면 누구를 들 것인가? 자신을 돕거나 해를 끼칠 수 있는 가장 강력한 힘을 가진 사람은 누구인가? 사랑하는 어머니인가, 아버지인가, 아니면 학대하는 부모인가? 가까운 친구, 혹은 삶의 동반자를 가리키는가? 아니면 마음에 상처를 준 존재에 대해 울부짖는가?

사실 이 어떤 것도 옳은 답이 아니다. 당신의 삶에 당신 자신만큼 강력한 영향을 주는 존재는 없다. 당신은 자신의 영원한 동료다. 당신을 인도하는 것도 당신이고 당신을 괴롭히는 것도 당신이다. 만약 당신의 자아가 당신에게 친구 역할을 한다면 모든 사람들이 의심할 때에도 자기 자신을 신뢰하는 환경을 만들 수 있다. 하지만 당신이 자신의 적이 된다면 자신을 절망의 심연으로 몰아넣을 수도 있다.

이 내부 존재는 초자아(superego), 양심(conscience), 내부 관리자(inner custodian), 중요인물(top dog), 부모편(parent-part), 마녀 엄마(witch-mother) 등 많은 이름으로 불린다. 하지만 이름이 무엇이든 이 내부 자아는 당신에게 말을 하는 뚜렷한 사람으로 인지된다. 당신은 이 사람과 지속적으로 대화를 한다. 이 대화는 매우 중요하다.

이 내적인 대화를 통해 당신은 자신을 위한 결정을 하고, 목표를 설정하고, 기쁨과 만족을 느끼고, 실의에 빠지고 낙담한다. 술을 마시고 무모하게 운전하며, 친구에게 대놓고 말한다. 혹은 공부할 계획을 세우고, 체육관에 가고, 사랑하는 사람과 솔직하게 대화를 한다. 한마디로 당신은 매우 귀중하고 굳건한 동맹군일 수도 있고, 가장 무시무시한 적이 될 수도 있는 존재와 매일 매 순간 이야기한다.

만약 당신을 학대하는 내부 자아와 함께 살고 있다면, 약물이나 술에 빠지고 방탕을 일삼으며 질책하고 잔소리하는 내면의 동료에게서 벗어나려고 할지도 모른다. 하지만 이런 시도는 문제를 완화시키기는커녕 더 많은 문제를 초래할 것이다. 약이나 술, 파괴적인 연애를 멈추기 위해 당신은 강요된 자아의 메시지에 따라 사는 것을 택할지도 모른다.

하지만 그렇게 하면 당신은 진정한 감정과 요구에 역행해 생기는 진짜 고통과 슬픔과 분노에 직면해야 한다. 바로 이런 순간에 당신은 또 다른 자아를 느낄 것이다. 한때 당신이 누르고 질식시키려고 했던 바로 그 자아 말이다. 그것은 당신의 진정한 자아이자 진실된 친구인 내재된 자아다.

내재된 자아에 귀를 기울이고 존중하는 것은 쉽지 않다. 강력한 규칙과 금지가 방해하기 때문이다. 강요된 자아는 부정적인 자기대화를 통해 힘을 발휘한다. 내 내담자가 다음과 같이 말한 것처럼 말이다. "나는 자신을 지속적으로 비판했어요. 그 비판은 마침표도 없고 세미콜론도 없고 쉼표도 없어요. 내 비판자는 내 속에 완전히 스며들어 있어요. 정말 의심스러워요. 어떻게 내가 이 모든 세월을 살아왔을까요?"

그의 질문은 중요하다. 많은 사람들이 실제로 이 엄격한 판단 구조의 결과 때문에 세상에서 사라진다. 자살뿐만 아니라 조금 더 느리지만 궁극적으로 생명을 위협하는 질환을 발생시키는 과도한 스트레스로 말이다.

내가 이 책을 쓴 것은 그런 최악의 상황이 일어나기 전에 여러분이 긍정적으로 변하도록 힘을 불어넣어주기 위해서다. 변화가 필요하다는 신호는 더 온화한 자기 경고만으로도 충분할 수 있다. 하지만 삶이 위기에 처해 있을 때 이 책을 읽게 된다면, 여러분은 더 나은 위치에서 사고체계를 합리적으로 바꾸어 진정한 자아가 움직일 수 있는 공간을 만들어줄 수 있다. 한자로 '위기(危機)'는 '위험과 기회'라는 말이다. 여러분은 "사람들은 빛을 보는 것보다 열을 느꼈을 때 변한다."라는 격언을 실천할 수 있다.

내 목표는 여러분이 최적의 행복을 즐기며 살 수 있도록 자기 대화를 바꾸도록 돕는 것이다. 내가 내담자들과 공유했던 느낌을 여러분도 느끼기 바란다.

"나는 서른다섯 해 동안 돌덩이를 머리에 이고 나를 누르면서 살았어요. 이제 나는 자유로워요."

강요된 자아의 무게와 불필요한 요구와 경고를 제거할 때 당신은 자유롭게 삶을 즐기고 누릴 것이며, 에너지와 생명력을 공유하는 사람들과 관계를 이어나갈 것이다. 이 책은 여러분에게 내재된 자아로 연결되는 길을 찾아주고, 강요된 자아의 족쇄를 푸는 것을 도와준다.

여러분의 탐험은 무심한 방문객이 주변을 둘러보는 수준을 넘어설 것이다. 이 여행을 통해 당신은 내면 자아와의 관계를 면밀히 세우고, 가장 깊은 심리학적인 습관을 바꾸는 방법을 습득할 것이다. 그렇게 함으로써 여러분은 자신의 삶을 진정으로 의미 있게 향상시킬 수 있을 것이다.

파멜라 버틀러 박사

Contents

**지은이의 말** 자신에게 하는 말을 바꾸면 인생이 달라진다                  … 6


Chapter 1 ─
나에게 가혹한 잣대를 들이대는 심판자                    … 14

결점을 찾고 비난하는 강요된 자아 17 • 명령, 금지, 불완전한 사고가 결합된 덫 20 • 나를 긴장하게 하는 조종자 22 • 나의 자연스러운 표현을 막는 방해자 23 • 나를 두렵게 만드는 혼란자 24 • 상황+자기대화=감정과 행동 25


Chapter 2 ─
내 인생을 힘들게 하는 조종자                    … 28

첫 번째 조종자, 완벽해라 31 • 두 번째 조종자, 서둘러라 38 • 세 번째 조종자, 강해져라 42 • 네 번째 조종자, 다른 사람을 만족시켜라 45 • 다섯 번째 조종자, 열심히 노력해라 47 • 조종자에게 복종한 결과는 절망과 자기증오 50 • 나는 어떤 조종자의 영향을 받았을까? 52

Chapter 3 ―
## 자발적인 자기표현을 막는 방해자     ··· 54

솔직한 자기표현을 막는 판단, 규칙, 우려 57 • 최악의 끔찍한 상황을 가정하는 파국 61 • 비판적인 판단에 기반한 부정적인 자기낙인 65 • 감정과 행동을 막는 '엄격한 요구하기' 69 • 내재된 자아가 보내는 신호, 우울증 73 • 내 부정적인 메시지는 어디에서 나올까? 76


Chapter 4 ―
## 일상 경험을 왜곡시키는 혼란자     ··· 78

어떤 경험은 과장하고, 어떤 경험은 무시하기 81 • 감정과 행동에 엄청난 영향을 미치는 임의적 추론 88 • 때론 긍정적인 추론이 독이 되기도 한다 88 • 엉뚱한 사람에게 책임을 돌리는 책임전가 90 • 터널시야를 만드는 인지적 결핍 93 • 차이를 무시하는 과잉 일반화 96 • 불행의 원인이 되는 모호한 언어와 이분법적 사고 97 • 실제 크기를 왜곡시키는 과장과 축소 100 • You―메시지를 I―메시지로 바꿔보자 102


Chapter 5 ―
## 자신의 삶을 통제하는 자동 테이프를 바꾸자     ··· 106

조종자, 혼란자, 방해자들에 대처하는 다섯 단계 지침 109 • 1단계 _ 자기대화로 인식하자 111 • 2단계 _ 자기대화가 도움이 되는지 평가하자 122 • 3단계 _ 자기대화에 들어 있는 조종자, 방해자, 혼란자를 확인하자 127

Chapter 6 —
## 자신을 지지하는 언어를 습득하자      … 134

4단계 _ 허용과 자아확인으로 자신을 지지하자 137 • 조종자, 방해자, 혼란자의 반대편에 있는 허용 142 • 자아에 대한 긍정의 선언인 자아확인 153 • 자기지지의 완충장치 만들기 162


Chapter 7 —
## 자신의 안내자를 발달시키자      … 166

5단계 _ 자신의 안내자를 발달시키자 169 • 첫 번째 도구, 작은 단계 밟기 173 • 두 번째 도구, 환경에 대한 세심한 배려 176 • 세 번째 도구, 자신의 감정에 대한 세심한 배려 177 • 네 번째 도구, 자신의 능력에 대한 세심한 배려 181 • 다섯 번째 도구, 자신의 생각 표현하기 192 • 내부 안내자가 움직일 때의 느낌 199


Chapter 8 —
## 자기지지를 방해하는 장애물을 극복하자      … 202

어김없이 앞을 가로막는 이차방어선 205 • 자기지지의 틈새를 비집고 들어오는 조종자 210 • 언제나 부족하다고 느끼게 하는 헛된 자존심 211


Chapter 9 —
## 성적 문제에서도 자기대화는 필요하다      … 216

섹스를 둘러싼 부정적인 내부 명령들 219 • 성적 흥분을 막는 두 가지 방해자 228 • 원치 않는 성적 행동에 "No"라고 말하자 234 • 성적 문제에 다섯 단계 지침 적용하기 236

Chapter 10 —
## 분노를 유발하는 자기대화     ··· 244

분노를 유발하는 조종자, 방해자, 혼란자 247 • 분노를 유발하는 메커니즘, 신경증적 권리주장 249 • 분노에 끼얹는 두 가지 기름, 부정적인 낙인과 분노 쌓아두기 259 • 타인에 대한 평가를 왜곡시켜 분노를 일으키는 혼란자 270 • 절대 화를 내지 말라는 것이 아니다 272


Chapter 11 —
## 부정적인 자기 대화가 발달한 이유     ··· 274

왜 우리는 자신에게 벌을 줄까? 277 • 생존하기 위해 발달한 심판자 279 • 부정적인 낙인을 원래 자리로 돌려놓자 287 • 심판자를 인정하고 심판자에게 감사하자 289 • 과거와 현재는 엄연히 다르다 291


Chapter 12 —
## 자신의 자아에 귀를 기울이자     ··· 294

우리 자아는 귀를 기울일 때 말한다 297 • 자신의 내재된 감정과 마주쳐보자 299 • 내면의 중요한 정보를 전달하는 꿈 302 • 자신의 상황을 명료하게 보여주는 이미지 309 • 신체적인 증상이 우리에게 보내는 메시지 312 • 자아에 귀를 기울이지 않았을 때 치르는 비용 314 • 자아를 따라갔을 때 생기는 긍정적 결과 317 • 자아를 이해하면 타인을 이해할 수 있다 318 • 바뀐 자기대화는 완전히 새로운 삶을 창조한다 322

Chapter 1

# 나에게 가혹한 잣대를 들이대는 심판자

결점을 찾고 비난하는 강요된 자아 • 명령, 금지, 불완전한 사고가 결합된 덫 • 나를 긴장하게 하는 조종자 • 나의 자연스러운 표현을 막는 방해자 • 나를 두 렵게 만드는 혼란자 • 상황+자기대화=감정과 행동

# 결점을 찾고 비난하는
# 강요된 자아

- 다른 사람에게 참견하는 것 같아 자주 자제하는가?

- 자신이 하는 일이 충분치 않다고 믿는가?

- 긴장을 풀려면 술이나 신경 안정제가 필요한가?

- 자신보다 다른 사람들을 더 많이 용서하는 편인가?

- 다른 사람들이 자주 자신에게 실망을 안겨주는가?

- '별것 아닌 일'이라고 생각한 일을 못해내면 마음이 편치 않은가?

- "제대로 하지 못한 것은 한 것이 아니다." 이 말에 동의하는가?

- 대체로 자신감이 부족한가?

- 자주 걱정하고 우울하고 분노하는가?

만약 앞의 질문에 "Yes"라고 답했다면, 당신은 비판적이고 결점을 찾고 비난하는 '강요된 자아'의 지배를 받고 있는 것이다. 현재 지나치게 가혹한 표준을 설정하고 심한 벌을 내리는 자기 감시 장치에 시달리고 있다. 그 심판자를 대면해보자.

이 심판자가 어떻게 발달하는지는 전혀 미스터리하지 않다. 우리는 어린 나이부터 우리 자신과 대화를 시작한다. 이 '자기대화'는 주변에 있는 중요한 어른들과의 상호작용에 기반한다. 우리가 아이였을 때 부모님이나 선생님과 소통한 것은 이후에 자신과의 소통에서 표준이 된다. 만약 영향력 있는 어른들이 가혹하고 비판적이라면 우리의 '강요된 자아' 역시 그럴 것이다. 또한 영향력 있는 어른들의 요구사항이 현실적이라면, 우리 역시 성취할 수 있는 표준을 설정하는 법을 배울 것이다.

우리는 타인에게 받은 메시지를 토대로 자기정의를 형성한다. 이것은 인생에서 많은 것들을 결정하는 일종의 통제 경계선이다. 자신이 운동선수처럼 우람한지 왜소한지, 똑똑한지 멍청한지, 사랑스러운지 밉살스러운지, 괜찮은지 나쁜지를 아는 것이다.

일단 자기정의가 형성되면 우리는 그것을 사실로 받아들이고 행동으로 입증한다. 예를 들어 자신을 형편없는 운동선수로 인식하면 체육 활동을 하지 않으려고 한다. 이것은 신체적인 기술을 발달시킬 기회를 잃게 만든다.

지금 나는 그렇게 자기정의를 내린 한 어린 소년을 치료하고 있다. 어쩌면 이 소년은 신체적인 소질을 타고 났을지도 모른다. 하지만 실수에 대한 두려움 때문에 최근까지 공을 주고받는 것조차 하지 않으려고 했다. 소년의 심판자가 선천적인 능력을 차단해버린 것이다.

만약 이 소년과 비슷한 자기정의, 즉 '나는 멍청해'라고 생각하는 사람은 지적인 토론에서 자기주장을 하지 못할 것이다. 질문하는 것을 두려워할 것이고, 필요한 답을 얻을 기회를 박탈당할 것이다.

나는 학창시절 이해가 안 되던 것을 알기 위해서 화학 교수를 찾아간 적이 있다. 그 결과 그 수업을 들었던 학생의 40%가 D 또는 F를 받았지만 나는 좋은 성적을 받았다. 기말고사 이후 교수는 자신에게 도움을 청했던 학생이 단 2명이었다고 말했다. 얼마나 많은 사람들이 멍청해 보이는 것을 두려워하는 것일까? 이것은 심리학자들이 '자기 실현적 예언(역주 _ 깊이 믿으면 현실로 나타나는 현상)'이라고 부르는 한 사례다.

이처럼 우리가 자신과 자신의 경험을 평가하기 위해 학습한 틀(강요된 자아의 판단 틀)은 우리가 삶을 이끌어나가는 데 엄청난 영향을 미친다. 이 틀에는 정서와 요구(필요)를 위한 공간이 없다. 중요한 조언자들이 보여준 자기대화 방식은 궁극적으로 좌절과 실패로 통하는 것이었다. 이제 우리가 해야 할 일은 판단 구조에 직면해 어떻게 자기대화를 하는지 묻고, 자신의 감옥을 조금씩 해체시키는 것이다.


## 명령, 금지, 불완전한 사고가 결합된 덫

많은 사람들이 완벽한 짝을 얻기를 꿈꾼다. 부모들은 자신이 낳은 아이가 부족하고 불완전할 때 좌절감과 죄의식을 느끼며 완벽한 아이를 갈망한다. 판단의 구조는 그런 기대와 요구를 기반으로 세워져 있다. 완벽을 향한 비현실적인 요구는 부족한 부분에 끝없이 몰두하게 만든다. 부모는 아이에게 "넌 이번 시험에서 95점을 받았어. 왜 100점을 못 받아?"라고 질책하며 흠잡기, 비난, 개인적인 실망, 분개, 분노의 구조물을 세운다.

코니는 그런 해로운 내부환경 속에서 살고 있다. 코니는 글로벌 헤지펀드의 차익거래 위기 분석가로 고속 승진길을 달리고 있어 돈을 많이 번다. 하지만 즐겁지는 않다. 사교생활은 거의 없고, 한 달에 2~3주는 출장을 가야 하며, 패스트푸드를 과하게 먹고 나서 몸매를 유지하기 위해 단식한다. 코니는 인간관계와 가족을 삶의 다른 목표로 삼지만, 수주째 밀려오는 일의 파도 속에서 희미해지는 것을 깨닫기 시작한다.

코니는 내부의 자아와 흥정한다. "일단 이번 프로젝트만 끝나면 시간이 날 거야. 지금 내가 'No'라고 말한다면 일에 무관심해 보일 거야. 내가 팀에 있다는 걸 증명할 필요가 있어. 내 일을 원하는 사람들이 얼마나 많은데, 헌신적으로 일하는 모습을 보이지 않으면 잘릴지도 몰라."

치료중에 코니는 흥미로운 꿈 이야기를 했다. 꿈 속에서 코니의 집이 낯선 사람들로 가득 차 있었는데, 낯선 사람들이 보석을 훔치고 심지어는 통조림까지 가져갔지만, 그들을 집 밖으로 몰아낼 수가 없었다고 한다.

꿈 속에서 코니는 현재의 위기에 대해 알아야 하는 모든 것을 자신에게 털어놓았다. 필요한 경계선을 잃어버렸고, 내부 균형점을 넘어서 버렸다. 자신에게 값진 것들을 많이 잃은 것이다. 꿈은 현재 코니의 심리학적 상태를 말해주고 있다.

코니의 심판자는 값진 경험을 훔치고 값진 보석뿐만 아니라 살아가는 기본 수단인 음식을 뺏으며 삶을 탈취한다. 만약 우리가 코니의 내면 대화, 즉 자신과의 대화 방식을 들여다본다면 코니가 명령(조종자), 금지(방해자), 불완전한 사고(혼란자)가 결합된 덫에 걸려 있음을 알 수 있을 것이다.

# 나를 긴장하게 하는
## 조종자

조종자(driver)는 말 그대로 내부 추진체다. "빨리 빨리! 제대로 해! 남자답게 받아들여! 뭐라도 좀 해!" 조종자는 '어떻게 해야 한다.'는 강요된 자아 개념에 근거해 있다. 조종자는 우리에게 "완벽해라, 서둘러라, 다른 사람을 만족시켜라, 열심히 노력해라, 강해져라."라고 명령한다. 조종자는 우리를 긴장하게 만들고 기어를 고속으로 넣는다. 자연스러운 속도는 충분치 않다. 우리는 더 나아져야 하고, 더 빠르고 더 강해져야 한다.

조종자라는 용어는 의욕(drive)이나 동기(motivation)와 같은 심리학적인 개념이 아니다. 의욕이나 동기는 에너지나 열정처럼 내재된 자아에서 자연스럽게 흘러나오는 것이다. 조종자는 사람 내부의 생동감이나 에너지와 전혀 연결되어 있지 않은 일종의 강요된 자아의 압력과 동기 위에 떠 있다. 예를 들어 의욕이 넘치는 작가가 창의적인 글쓰기 자체를 즐기며, 8시간 동안 쉬지 않고 원고를 쓸 수 있을지도 모른다. 이것은 "너는 글을 써야 해. 완벽하게 해야 해. 그것을 끝내려면 열심히 노력해."라고 명령하는 심판자의 강요 때문에 하는 것과는 매우 다르다.

코니는 정신분석가 카렌 호니(Karen Horney)가 만든 용어인

'○○해야 해(should)의 폭압'에 내몰리고 있다. 코니의 강요된 자아는 "너는 최고가 되어야 해. 너는 14시간을 일해야 해. 너는 토요일에도 일해야 해."라고 말한다.

하지만 코니가 모르는 것이 있다. 바로 조종자가 요구하는 대로 하는 것은 불가능하다는 것이다. 하루는 무한대가 아니다. 에너지에도 한계가 있으며, 인내심도 지칠 때가 있다. 하지만 심판자는 이 모든 것들을 해야 한다고 믿는다.

## 나의 자연스러운 표현을 막는 방해자

코니의 심판자는 코니가 감정과 욕구를 무시하도록 압박할 뿐만 아니라 자연스러운 표현을 하는 것조차 막는다. 흔히 이것을 방해자(stopper)라고 한다.

방해자는 우리가 감정에 따라 행동하는 것을 막는다. 방해자는 가혹한 판단, 위협, 엄격한 요구로 우리의 자발성을 꺾는다. 물론 어떤 행동은 하지 않는 것이 이로울 때도 있다. 우리는 길을 건너기 전에 신호등 앞에서 걸음을 멈추라고 배운 것처럼 해로운 행동을 검열한다. 하지만 해롭고 이롭고를 떠나 행동을 억제하고 감정을 억누르는 것은 행복하게 살아가는 데 결정적인 영향을 미친다.

코니의 방해자들은 코니가 인생을 살아가는 데 균형을 잡지 못하도록 심각하게 방해한다. 코니는 사장이 주말 아무 때나 호출을 해도 받아들인다. 늘 휴식 시간이 없고, 회사 업무와 개인 생활의 경계선을 주장하지 못한다. 게다가 다른 식으로도 자신을 억제한다. 즐겁지 않다고 휴가를 거의 가지 않고, '준비를 못해' 다음 업무에 지장을 주는 것이 두려워 친구들과 약속을 취소한다. 자신에게 하는 말을 완전히 사실로 받아들이기 때문에 추정에 불과한 것은 시험하지 않는다. 코니는 완전히 자기 방해자의 덫에 걸려 있는 것이다. 마치 누군가에게 감금당한 것처럼 말이다.


## 나를 두렵게 만드는
## 혼란자

코니는 직장에서 잘릴지도 모른다는 두려움에서 쉽게 벗어나지 못한다. 회사 업무와 개인 생활의 경계선을 긋는 것은 살얼음판 위에 있는 것만큼 코니를 두렵게 만든다. 바로 이것이 혼란자

(confuser)이며, 세상에 대한 명료한 사고를 막는 인식과 사고 방식이다.

'직장에서 잘릴지도 몰라.'는 '전부 얻지 못하면 모두 잃는다.'는 사고방식의 구조에서 나왔다. 100% 완벽하지 않으면 가치가 없다고 믿는 것이다. 코니는 혼란자 때문에 과거부터 지금까지 자신이 해온 일에 대해 인정하지 못한다. 게다가 매 순간 무장 감시를 받고 있다. 또한 자신의 부정적인 추론을 완전히 믿기 때문에 확인해볼 생각도 하지 않는다. 심지어 다른 직원들이 개인 생활을 적절히 해나가는 것을 볼 때조차도 일을 잡고 있다는 믿음에 매달려 있다.

## 상황 + 자기대화
## = 감정과 행동

코니가 '강요된 자아'의 지배에서 벗어나면 자신과의 관계는 달라질 수 있다. 내면의 목소리가 코니를 조종하거나 방해하거나 혼란시키지 않고, 코치를 해주거나 안내해줄 것이다. 내면의 목소리는 코니를 보살펴주고, 코니의 행복에 관심을 가지는 내면의 동료가 될 것이다. 이 내면의 동료는 코니에게 좋은 부모나

의지할 수 있는 친구 역할을 해줄 것이다.

스트레스에 대한 우리의 반응은 이 '강요된 자아'가 심판자 기능을 하는지, 아니면 안내자 기능을 하는지에 따라 달라진다. 이 반응은 사소한 실망감에서 완전한 절망까지 다양하다.

빌은 대학원 논문에서 A 학점을 받지 못해 자신이 쓸모없다고 느낀다. 하지만 제프는 일 년 이상 준비했던 보조금 신청을 거절당해도 빌처럼 자신이 쓸모없다고 느끼지 않는다. 이 두 사람이 보여주는 반응의 차이는 자기대화의 차이다.

빌은 매우 비판적인 '강요된 자아'의 지배를 받고 있어 A 학점이 아닌 성적은(심지어 B 학점이라도) 무조건 실패로 여긴다. B 학점은 빌을 한순간에 비판적인 세계 속으로 내동댕이친다. "넌 실패했어. 그것은 좋은 논문이 아니야. 넌 성공하지 못할 거야. 넌 실패자야." 빌은 자학하지만 B 학점을 받은 것이 구체적으로 어떤 부정적인 결과를 초래하는지 제대로 설명하지 못한다. 단지 부정적인 자기평가에 모든 것이 집중되어 있을 뿐이다.

반대로 제프는 정부 보조금을 받지 못했을 때 자신과 이렇게 대화했다. "보조금를 받지 못한 건 정말 짜증나. 곧 또 다른 제안서를 넣어야 한다는 말이군. 이번에 받았다면 일도 덜고 그 장비가 정말 도움이 되었을 텐데. 하지만 그래도 괜찮아. 또 넣으면 되겠지. 실패는 아니야." 제프는 순간적으로 분노를 터뜨리지만 그 속에 깊이 매몰되지 않는다. 그것은 보조금을 승인받는 것과 자기존중감이 연결되어 있지 않다고 생각하기 때문이다. 거절의 부정적인 측면을 인정하지만, 자신이 그만큼 무가치하다고 느끼지는 않는다.

철학자 에픽테토스(Epictetus)는 이미 수천 년 전에 이렇게 언급했다. "인간은 사물이 아니라 그것을 바라보는 관점 때문에 어려움을 겪는다." 따라서 상황 A는 결과물 C로 자동으로 이어지지 않는다. 그 중간에 자신과의 대화 B를 거치면서 교정되거나 악화되는 것이다. 인지치료의 시조인 알버트 엘리스(Albert Ellis)가 이것을 'A+B=C'로 단순하게 공식화했다. 실제로도 상황이 자기대화를 거쳐 감정과 행동으로 나타난다. 결국 스트레스의 총체적인 수준은 자신과 어떻게 대화하느냐에 달려 있는 것이다. 외부 상황은 결정적인 요인이 아니다.

이제 조종자와 삶에서 사물을 바라보는 관점이 하는 역할을 살펴보자.

더 인정받지 않아도 괜찮아!
더 완벽해지지 않아도 괜찮아!
**더 강해지지 않아도 괜찮아!**

Chapter 2

# 내 인생을 힘들게 하는 조종자

첫 번째 조종자, 완벽해라 • 두 번째 조종자, 서둘러라 • 세 번째 조종자, 강해
져라 • 네 번째 조종자, 다른 사람을 만족시켜라 • 다섯 번째 조종자, 열심히 노
력해라 • 조종자에게 복종한 결과는 절망과 자기증오 • 나는 어떤 조종자의 영
향을 받았을까?

# 첫 번째 조종자,
# 완벽해라

너대니엘 호손(Nathaniel Hawthorne)의 단편 소설 「반점(The Birthmark)」에는 과학계의 저명한 인물인 에일머가 나온다. 에일머는 한 가지만 제외하면 결점이 전혀 없는 아름다운 조지나와 결혼한다. 그 결점은 조지나의 아름다운 얼굴에 작지만 눈에 띄는 점이 하나 있다는 것이다. 에일머는 별것 아닌 이런 사소한 점에 충격을 받는다. 조지나는 변함 없이 아름다웠지만 점 때문에 참을 수가 없었던 것이다. 에일머는 혼란과 두려움을 느끼고, 조지나의 점을 없애기 위한 각고의 노력을 한다. 결국 엘렉시르(약)를 발견하고 황홀경에 빠지지만, 운명이 흔히 그렇듯 조지나는 약의 부작용으로 죽는다.

너대니엘 호손 같은 작가들은 오래 전부터 궁극적인 비극이 비현실적인 요구와 기대에서 나온다는 것을 알고 있었다. 완벽함을 추구하는 한 남자의 이야기는 자기압박에 못 이긴 행동이 어떤 극단적인 결과를 낳는지를 생생하게 보여준다. 이렇게 조종자 중에서 가장 해로운 조종자는 바로 '완벽해라' 다.

'완벽해야 한다.' 는 개념은 우리 사회에 널리 퍼져 있다. 약속을 하고 잊어버리면 대혼란이 일어난다. 강요된 자아는 "절대 있어서는 안 되는 일이야." "어떻게 그렇게 멍청할 수가 있어?" 라며 나무란다.

'완벽해라' 에 덜미를 잡히면 지속적으로 자신을 평가한다. 참으로 기이한 통과 · 실패 시스템이다. 100% 완벽하면 통과지만 조금이라도 부족하면 실패다. 무슨 일을 하든 '완벽해라' 에서 벗어날 수 없다. 제대로 하지 못한 것은 전혀 하지 못한 것이다.

'완벽하기' 는 흔히 '완벽해라' 뿐만 아니라 다른 모든 조종자들을 아우른다. '완벽하기' 는 학업 성취에서 그 모습을 드러낼지도 모른다(조종자는 '서둘러라' 와 '열심히 노력해라' 다). 또는 우리가 슈퍼맨이나 슈퍼우먼이 되려고 할 때 나타날지도 모른다(조종자는 '강해져라' 다). 혹은 자기희생을 요구할지도 모른다(조종자는 '다른 사람을 만족시켜라' 다).

어떤 사람에게는 모든 조종자들이 동시에 나타날 수도 있다.

한 남자의 이런 고백처럼 말이다. "저는 치과 의사예요. 저는 다른 사람들을 만족시키기 위해 열심히 노력해요. 그래야 완벽할 수 있거든요."

질은 '완벽해라' 조종자에게 덜미를 잡힌 전형적인 여성이다. 현재 다이어트를 하면서 '완벽해라'와 충돌하고 있다. 지난 10년 동안 몸무게가 56kg에서 70kg 사이를 왔다갔다 했다. 질에게 파티는 끔찍하다. 자신의 외모가 마음에 들지 않을 뿐만 아니라 자신을 유혹하는 음식에 저항해야 하기 때문이다. 질은 한번 먹으면 너무 많이 먹는다. 하지만 먹지 않으면 박탈감을 느낄 것이고, 집에 혼자 있을 때 박탈감을 보충하고자 또 먹을 것이다.

질은 항상 배고픔을 느낀다. 매일 900Kcal가량만 먹고 피자와 파스타와 단 것을 먹지 않는다. 때로는 아침이나 점심을 거르기도 한다. 하지만 이렇게 빡빡하게 관리를 해도 자신을 의지가 부족한 사람으로 여긴다. 지속적인 자기박탈은 자신를 비하한다.

질은 900Kcal 다이어트를 충실히 하는데 왜 체중이 줄지 않을까? 답은 간단하다. 주기적으로 폭식을 하기 때문이다. 질은 가끔씩 집으로 돌아와 눈에 보이는 것을 닥치는 대로 먹는다. 아이스크림 반 통, 쿠키 한 상자, 빵 한 덩어리 등 맛을 즐기지 않고 순식간에 먹어치운다. 자신에 대한 혐오감이 먹는 것에 더 집착하게 만든다. 그래서 몇 시간 혹은 며칠 동안 계속 폭식한다. 체중은 뺀 것 이상으로 다시 늘어난다.

질은 다이어트와 폭식의 악순환에 완전히 붙들려 있다. 질의 다이어트 결심은 새해에 누구나 하는 것과 같다. 그것은 완벽함을 바탕으로 한다. 그 표준 계약서는 이렇다. '52kg이 될 때까지는 어떤 상황에서도 하루에 1천Kcal 이상 섭취하지 않을 것이고 탄수화물이나 단 것, 그리고 건강에 좋지 않은 음식을 먹지 않을 것이다.' 또 다른 조항, 즉 '만약 내가 자신과의 이 약속을 지키지 못하면 나는 실패자이며 한심한 사람이다.' 라는 완벽을 절대적인 자리에 올려놓는다.

질은 일단 결심하면 완벽하게 한다. 하루, 일주일, 한 달. 다이어트에 관한 한 철저하다. 하지만 어느 한순간 지치거나 짜증이 나거나 외로움이 몰려온다. 아니 그냥 배가 너무 고파 어떤 음식이든 저항하지 못하는 순간이 온다. 그러면 '완벽해라' 라는 주문은 순식간에 풀려버린다.

약해진 순간 질은 감자칩 몇 개를 집어든다. 다이어트를 하지 않거나 '완벽해라' 의 지배를 받지 않는 사람에게 이 순간적인 일탈은 그다지 큰 문제가 되지 않는다. 감자칩 몇 개라고 해봐야 겨우 50Kcal 정도일 뿐이다. 하지만 질에게 감자칩의 무게는 그녀가 세워놓은 '완벽해라' 구조물에 금이 가게 하기에 충분하다.

일탈하면 즉시 질의 '강요된 자아' 가 자책하기 시작한다. "왜 그렇게 했어! 넌 가망이 없어! 지금까지 잘해왔잖아. 왜 날려버려야 했니? 자제력도 없이!" 질의 자아비판은 부정적인 감정, 즉 일차적으로 근심과 우울을 불러일으킨다. 질은 과거에 그런 감정을 먹는 것으로 처리했다. 지금도 다르지 않아 부정적인 감정에 빠지면 감자칩을 한 줌 집어든다.

질의 불안감은 먹는 것으로 잠깐은 진압되지만 곧 더 큰 강력한 울림을 만들어낸다. 자신이 폭식의 악순환에 빠졌다는 것을 발견하고, 매번 실수할 때마다 더 많이 걱정하고 자기를 벌하며 더 많이 먹는다. 감자칩 한 줌이 자기공격을 유발해 폭식을 하고, 결국 몸무게가 늘어난다.

설상가상으로 질은 점점 절망하고 자신을 경멸한다. 별것 아닌 작은 일탈이 이런 파괴적인 영향을 미치는 것은 '완벽해라' 조종자의 힘을 보여준다.

질은 몇 주 동안 치료를 받은 후 자신의 딜레마를 이렇게 규정했다. "내게 다이어트는 외줄타기예요. 한 번 삐끗하면 완전히 추락이에요. 난 이미 그것을 경험했어요. 나는 영원히 외줄타기를 할 수 없어요. 외줄에서 내려 걸어가야 해요. 가끔씩은 실수할 수도 있어요."

일리가 있는 말이다. 질의 조종자들은 살 빼는 것을 도와주기는커녕 도리어 막고 있다. 그런데 그것을 인정하는 것이 왜 그렇게 어려웠을까? 질은 대다수의 우리들처럼 조종자들이 없으면 하루 종일 사탕을 먹으면서 햇살 아래 누워 빈둥거리며 살게 되지 않을까 두려워했다. 질에게 더 나쁜 것은 삶에서 이룬 것이 없다는 것이다. 삶은 언제나 질의 옆을 스쳐지나가곤 했다. 하지만 질은 이제 내부의 명령에서 벗어났기 때문에 더 많은 것을 할 수 있을 것이다. 더 느긋해질 것이고, 자기존중감이 증가할 것이다.

이것을 한 마디로 요약하는 오래된 경구가 있다. "완벽은 양호함의 적이다."

조종자들은 우리를 떠밀고 재촉함으로써 자연스러운 속도에서 멀어지게 한다. 우리에게 계속 요구하기만 할 뿐 현실의 한계에 눈을 감아버리기 때문에 우리가 하려는 일에 오히려 해로운 영향을 미친다.

한 모임의 구성원들이 공유하고 있는 조종자를 살펴보자.

"나는 집에서 첫째예요. 아버지는 모든 조종자들에 대해 가르쳐줬어요. 특히 '강해져라'에 대해. 나는 병이 날 정도로 나를 압박해요."

"나는 심각한 우울증에 걸렸어요. 다른 사람들을 만족시키는 데 바쁘다보니 정작 저 자신에게는 너무 소홀했어요."

"나는 리스트를 작성하고 그것을 다 하려고 '열심히 노력'해요. 그러면 내면의 작은 목소리가 내게 말해요. '다른 사람이라면 다 했을 거야. 왜 너는 아직 다 하지 못했니?' 그러면 나는 반항적이 되어 아예 아무것도 하지 않아요."

"나는 수업시간에 보고를 해야 했어요. 그것을 생각하느라 먹지도 자지도 못했어요. '완벽해라' 가 나를 압도했죠. 나는 편두통 약을 먹어야 했고, 결국 제대로 하지 못했어요."

조종자에게 복종한 결과는 대부분 실패다. 피도 눈물도 없는 조종자의 압박 앞에서 우리는 언제나 반항하거나 무너지고, 연좌농성(자포자기)이 이어진다. 이 연좌농성은 외줄타기의 대안이다. 완벽하게 할 수 없기 때문에 아예 하지 않는 쪽을 택하는 것이다. 우리는 피로를 느끼고 반발하고 우울해한다.

대부분 알코올과 약물이 이 연좌농성을 지원한다. 린다는 매일 밤 직장에서 집으로 오면 마티니 몇 잔을 마시고 소파에 곯아떨어진다. 달리 선택할 여지가 없다. 술을 마시지 않으면 저녁 내내 오늘 했던 실수를 걱정하고, 내일 닥칠 위기에 대해 계획을 세워야 한다. 이미 스트레스가 쌓일 대로 쌓인 하루의 끝에 마티니가 주는 휴식과 긴장의 완화는 순간적으로 린다를 행복하게 해준다. 문제가 있다면 린다가 자신의 의식을 놓아버리려 한다는 것이다. 린다는 '완벽해라, 서둘러라, 열심히 노력해라' 를 꺼버리는 다른 수단을 배우지 못했다.

린다는 조종자의 압력과 연좌농성에 대한 대안이 없다. 유일한 해결책은 자신 내부의 긍정성을 찾아내 내재된 자아를 지지하는 것이다. 흔히 이것을 허용자라고 한다. 허용자는 유연하며, 내부 지시의 통제를 풀어준다. 그리고 외줄타기를 땅 위를 걷는 것으로 전환시켜준다. 게다가 연좌농성의 반항적이고 피곤한 반작용과 달리 우리를 앞으로 나아가게 한다. 허용자의 '인간적인 것도 괜찮고, 실수를 해도 괜찮고, 천천히 가는 것도 괜찮다.'는 연좌농성의 '절대 아무것도 안 해.'와 매우 다른 감정과 행동으로 이어지게 만든다.


## 두 번째 조종자,
## 서둘러라


두 번째 조종자인 '서둘러라'는 일을 빨리 하도록 우리를 밀어붙인다. 조종자는 우리에게 이렇게 명령한다. "더 짧은 시간에 더 많은 일을 해!"

'서둘러라'의 덫에 걸린 마빈은 자주 초조해하고 화가 나 있다. 그는 '제때 끝내'를 계속 머릿속에 틀어놓고 이렇게 말한다. "시간은 계속 가고, 하고 싶은 것을 할 시간은 없어요. 난 계속 나 자신을 질책해요. 아이들에게도 같은 식으로 강요해요. '얼른 잠자리에 들어. 얼른 시리얼을 먹어!' 내 삶에는 움직일 공간이, 숨 쉴 곳이 없어요."

'서둘러라'는 우리가 가장 확인하기 쉬운 조종자 중 하나다. 운전할 때 자신이 어떤 행동을 하는지 관찰해보면 알 수 있다. "신호등이 초록색으로 바뀌었는데도 앞 차가 살짝 머뭇거리면 화가 나는가?" "5분 더 일찍 도착하기 위해 차량들 사이로 거침 없이 끼어드는가?" "경적을 수시로 울리는가?" 이 질문에 "Yes" 라고 대답한다면 '서둘러라' 조종자의 지배를 받고 있는 것이다.

'서둘러라' 조종자는 일반적으로 퍼져 있다. 나는 한때 수업에 늦게 온 학생에게 자기대화를 기록할 시간을 5분 주겠다고 했다. 꽤 복잡한 작업인데도 시간을 겨우 5분만 준다는 것은 나 역시 '서둘러라' 조종자의 압력을 받고 있음을 말해준다. 하지만 그 학생도 예외가 아니었다. 그 학생은 화난 표정으로 이렇게 말했다. "그렇게까지 많은 시간을 줄 필요는 없는데요!"

『Type A Behavior and Your Heart(타입 A 행동과 심장)』이라는 책에서는 '서둘러라'를 타입 A 인간이 하는 행동의 주된 구성 요소로 보았다. 지속적으로 서두르고 초조해하고 과도하게 경쟁을 하는 타입 A 인간의 행동은 관상동맥 심장질환을 불러올 수 있다. 이 책의 저자인 마이어 프리드먼(Meyer Friedman)과 레이 로젠맨(Ray Rosenman)은 이렇게 말한다. "타입 A 인간의 가장 중요한 특성은 습관적인 촉박한 시간 감각과 조급증이다."
"전속력으로 전진!"이라는 명령을 내리는 내부 압력은 분노와
짜증을 유발시켜 심장마비의 위험성을 증가시킨다.

사회는 '서둘러' 일을 하는 사람들에게 상을 준다. 데드라인(최
종기한)이 짧으면 승진과 갈채가 따른다. 과로에 대한 비용은 가
족, 친구, 그리고 자기 자아의 중요한 부분들을 버리고 혼자 남
겨졌을 때 비로소 청구된다. 아이러니하게도 우리가 서둘러 일
을 하다가 스트레스 관련 질환으로 누워 있을 때, 업무 때문에
차를 급히 몰다가 사고를 일으켜 누워 있을 때, 우리가 그토록
만족시키려고 애썼던 동료들이 오히려 주목받는다. 결국 우리만
손해인 것이다.

위대한 자연주의자 존 뮤어(John Muir)는 미국 요세미티 국립
공원 방문객들을 가리켜 "시간이 가난한 자들"이라고 부르며 딱
하게 여겼다고 한다. 뮤어의 전기 작가인 에드윈 웨이 틸(Edwin
Way Teale)에 따르면 뮤어는 무엇보다도 '시간 부자'를 선택했
다. 뮤어가 자신의 여동생에게 쓴 글에 이런 구절이 있다.

"온갖 곳을 다녀봤지만 나만큼 자유로운 사람은 없구나. 숲에
서 때로 수시간 동안 새들과 다람쥐들을 바라보거나 전혀 조급
함 없이 꽃들의 얼굴을 찬찬히 내려다보며 앉아 있단다."

누구나 이렇게 살 수 있을까? 아름다운 자연을 보기 위해, 그

리고 느긋하게 명상에 잠기기 위해 매일 30분씩 시간을 내는 사람이 과연 몇이나 될까?

자기대화를 바꾸지 않고 매일 쉬는 시간을 가지거나 릴렉스 훈련을 해봐야 별로 효과가 없다. 언젠가 나는 릴렉스 훈련중에 끝나면 서둘러 해야 할 일을 생각한 적이 있다. '테이프가 끝나려면 아직 멀었나?' 라는 생각이 꼬리에 꼬리를 물고 이어진 것이다. 릴렉스 훈련이 끝나고 나니 오히려 하기 전보다 몸이 더 나빠졌다.

'서둘러라' 반대편에 있는 허용자는 이렇게 말한다. "긴장을 풀고 천천히 해도 괜찮아. 모든 것이 하루아침에 이루어지는 것은 아니니까." 자신에게 이것을 허용할 수 없다고 생각하는 사람들은 프리드먼과 로젠맨의 경고를 한 번 더 생각해보는 것이 좋을 것이다.

어쩌면 이렇게 반대하는 사람도 있을 것이다. "하지만 나는 절대 천천히 할 수 없어. 나는 중요한 위치에 있단 말이야. 서둘러야 해." 이는 허용의 의미를 잘못 이해한 것이다. 설명하자면 이렇다.

나는 언젠가 한 간호사의 수술실에서 느끼는 불안감을 낮출 수 있도록 도와준 적이 있다. 그곳은 다른 어떤 곳보다 속도가 빨라야 한다. 하지만 '서둘러'는 오히려 도움이 되지 않는다. 다른 곳만큼이나 여기에서도 역량 이상으로 밀어붙이는 것은 실수를 의미한다.

허용, 즉 '정확히 조치할 수 있도록 시간이 걸려도 괜찮아' 가 힘든 수술중에 그 간호사의 불안감을 낮추는 데 효과적이었다. 이것은 수술실에서 효율성을 오히려 향상시켰다.


# 세 번째 조종자,
# 강해져라

'강해져라' 조종자는 약한 감정은 받아들일 수 없고, 심지어 경멸스러운 것이라고 주장한다. 인간의 욕구(필요)조차도 극복해야 하는 약점이라고 말한다. 슬픔, 아픔, 외로움은 짜증스러운 것이다. '강해져라' 명령에 따른다는 것은 어떤 문제가 생길 때 직접 처리할 수 있어야 하는 것이다. '강해져라' 조종자는 "모든 것을 직접 해야 해."라고 말하기 때문에 도움이 필요해도 다른 사람에게 요청할 수 없다. '강해져라' 조종자의 지배를 받는 사람은 욕구(필요)나 감정이 생기면 오히려 자신을 경멸한다. 어쩌면 심리치료조차 경멸스러운 눈으로 바라볼지 모른다.

내 상담실에서도 이런 탄식을 듣는 경우가 드물지 않다. "내가 왜 이런 면담까지 해야 하는지 모르겠어요. 이건 너무 멍청한 짓이에요." 어떤 사람들은 자신의 약한 모습을 보이지 않기 위해 한발 더 나간다. 그들은 슬픔을 표출하는 것이 굴욕인양 주먹을 꼭 쥐거나 입술을 꽉 깨문다.

다른 모든 조종자처럼 '강해져라'도 우리 사회에서 수용되고 있고 심지어는 경탄의 대상이 되는 행동 방식이다. 남자들에게는 특히 더 그렇다. 영화에 나오는 강하고 조용한 성격의 남자 주인공은 독립적인 개인이라는 이상적인 사회상을 구현한다. 어떤 경우에도 감정이나 정서를 노출시키지 않고 남자답게 묵묵히 받아들이는 법을 잘 알고 있다. 심지어 고통조차도 냉정하게 받아들인다.

물론 '강해져라'는 여성의 행동에도 영향을 미친다. 나의 한 여성 내담자는 '강해져라' 조종자의 압력을 너무 많이 받아 사마귀를 제거하는 수술을 하면서도 국부마취를 하지 않았다. 만약 의사에게 국부마취를 해달라고 했다면 가혹하게 자기를 질책했을 것이다.

'강해져라' 조종자는 부드러움이나 연약함을 보였을 때 주위의 중요한 사람이 심하게 비난하거나 질책하는 경우 발달한다. 부모들은 아이에게 "울음을 그치지 않으면 혼날 줄 알아!"라고 위협한다. 슬픔이나 여린 감정을 표출했을 때 비웃음을 당하거나 처벌을 받았던 아이들은 같은 방식으로 자신들을 위협하기 시작한다.

『Lyndon Johnson and the American Dream(린든 존슨과 아메리칸 드림)』이라는 도리스 컨스(Doris Kearns)가 쓴 전기에 한 아이의 감수성과 동정이 무디어져가는 과정이 잘 나타나 있다.

"가을과 봄에는 학교에 있을 때 빼고는 언제나 밖에서 시간을 보냈죠. 나는 다른 남자 아이들과 함께 다람쥐와 토끼를 사냥하곤 했어요. 가끔씩은 총으로 동물들을 겨냥하기도 했지만, 죽이는 것은 싫었어요. 단지 죽일 수 있다는 것만 알고 싶었을 뿐이에요. 그러던 어느 날 아빠가 저에게 물었죠. 어떻게 내가 인근에서 동물에게 총을 쏜 적이 없는 유일한 아이가 되었느냐고요. 겁쟁이가 아니냐고요. 그래서 이튿날 나는 언덕으로 가서 총으로 토끼를 쏘아 죽였어요. 토끼가 덤불 뒤에서 펄쩍 튀어나오는데 눈 사이를 쏘았어요. 그리고 나는 욕실로 가서 먹은 것을 다 토해냈어요."

수년이 지난 후에 린든 존슨은 자신의 개인 목장 방문객들에게 소총을 주면서 사슴이나 영양을 쏘도록 부추겼다. 자신의 아버지가 자신에게 그랬던 것처럼 방문객들의 남자다움을 테스트했다.

'강해져라' 조종자의 반대편에는 "감정을 느끼고 표현해도 괜찮아."라고 하는 허용자가 있다. 상심, 슬픔, 연약함, 결핍감 등 모든 것을 수용할 수 있다. 타인들 앞에서 이런 감정을 표현하는 것도 중요하다. 다른 사람들 앞에서 슬픔을 표현하는 것은 혼자 우는 것과 다르다.

## 네 번째 조종자, 다른 사람을 만족시켜라

'다른 사람을 만족시켜라' 조종자는 다른 사람들이 나를 좋아하고 인정해야만 내가 괜찮은 존재라고 말한다. 한순간이라도 이런 호감을 받지 못하면 불안과 우울의 늪으로 빠질 수 있다고 위협한다.

'다른 사람을 만족시켜라' 조종자의 지배를 받는 사람은 주위 사람들의 요청에 "No"라고 해야 할 때, 자신의 감정과 의견을 분명히 나타낼 때 어려움을 겪는다. 첫 번째 내담자 모임의 일원인 찰스가 그것을 잘 보여준다.

"나는 다른 사람들이 원하는 대로 하면서 지금까지 살아왔어요. 지금 나는 내가 누구인지조차 모르겠어요. 절망감이 이루 말할 수 없어요."

'다른 사람을 만족시켜라' 조종자의 전원을 끈다고 본래의 좋은 인간관계에서 주고받는 것까지 없어지지는 않는다. 다른 사람을 만족시키는 것은 나름대로 즐겁고 보람 있다. 하지만 많은 사람들이 엄청난 비용을 지불하면서까지 타인을 만족시키려고 애쓴다. 타인의 미묘한 정서 상태까지 배려하는 이런 섬세한 감수성은 우리 자신이 그것을 잊고 있는 동안 발달한다.

'다른 사람을 만족시켜라' 조종자의 지배를 받는 여성은 결정적인 사건이 일어날 때까지 내면에 숨어 있는 자신의 분노를 잘 알아차리지 못한다. 노마도 다른 대다수의 여성들처럼 상대방을 지나치게 배려하면서 살았다.

"조지가 집에 있을 때 나는 그를 화나게 하는 것들이 없는지 항상 주변을 살폈어요. 아이들을 조용히 시키고, 조지가 쉽게 찾을 수 있도록 물건들을 제자리에 갖다두고, 조용히 쉴 수 있게 해주면서 모든 것을 조지에게 맞췄어요. 어떻게 보면 나는 조지의 시종, 그 이상도 이하도 아니었어요. 심지어 내가 누군가를 만날 때조차 집에 돌아가면 조지의 기분이 어떨지 생각하며 그곳을 나섰어요. 나는 자신의 감정을 고려한 적이 한 번도 없어요. 결혼생활 9년 동안 조지의 기분만 살피며 살았어요!"

노마에게 부족한 것은 '나 자신을 만족시켜도 괜찮아.'라는 허용이다. 자기 자신을 만족시킨다는 것은 자신의 감정과 욕구를 고려한다는 의미다. 또한 자신만의 독특한 관심사를 지향하는 뜻이다. 이는 다른 사람을 절대 만족시키지 않겠다는 뜻이 아니라, 자신의 감정을 의식적으로 고려해 선택하겠다는 뜻이다. '다른 사람을 만족시켜라' 조종자는 노마에게 선택권을 주지 않았다. 외줄타기에서 한 발만 삐끗하면 자기혐오 속으로 비참하게 떨어지게 만들었다.


## 다섯 번째 조종자, 열심히 노력해라

다섯 번째 조종자인 '열심히 노력해라'는 처음에 가장 이해하기 어려웠다. 그 이유는 간단하다. '열심히 노력해라'는 내가 매우 좋아하는 조종자였기 때문이다. 이 조종자는 더 많이 일하라고 강요할 뿐 개인에게 맞는 적절한 한계를 정하지 않는다.

최근 나에게 '열심히 노력해라' 조종자와 관련해 부정적인 상황을 바꿀 기회가 있었다. 나는 지역신문을 구독하면서 매일 읽으려고 애썼고, 스크랩까지 한다. 하지만 피곤하면 다음 날 한꺼번에 훑어볼 생각으로 한쪽 구석에 쌓아뒀다. 그러다가 대개 주말이 되면 신문이 한 무더기 쌓였을 뿐만 아니라 기사를 스크랩

하느라 집안이 점점 엉망이 되어갔다.

마침내 나는 여기서 손을 뗐다. 집과 위생, 이 두 가지를 모두 해결할 수 있도록 신문을 끊었다. 솔직히 말해 신문을 읽어야 한다고 느꼈을 뿐 정말 읽고 싶지는 않았다. 이것이 '열심히 노력해라'의 핵심이다. '열심히 노력해라'는 우리의 바람, 혹은 정서적이고 신체적인 한계와 무관하게 짐을 짊어지게 한다.

'열심히 노력해라' 조종자는 특히 사람을 구조하는 일에 늘 있다. 나는 이 구조 개념을 가족 치료사이자 작가인 실리 루스맨(Shirley Luthman)을 통해 처음 접했다. 누군가를 구조한다는 것은 그 사람과 그의 문제를 책임지고 떠맡는다는 것을 의미하기 때문에 심리학자 · 의사 · 간호사 · 경찰 같은 전문가들은 특히 '열심히 노력해라' 조종자에 취약할 수밖에 없다고 한다. 그들은 자신의 개인적인 한계를 무시하고 어려움에 처한 사람들을 돕지만, 그 최종 결과는 '기진맥진'이다. 닥터 크리스티나 마슬라츠(Christina Maslach)는 〈Human Behavior(인간의 행동)〉에 실은 글에서 이렇게 말한다.

"수시간, 수일, 수개월을 오직 다른 사람들의 문제에 귀를 기울이다보면 자신의 내부에 있는 어떤 것이 죽어갈 수 있다. 그러면 더이상 아무것도 할 수 없다."

제니는 친구 마사에게 이런 감정을 느끼고 있음을 깨달았다.

제니는 마사에게 돈도 빌려주고, 리포트도 도와줬지만 정작 자신의 성적은 신경 쓰지 않았다. 자신이 마사를 여러 가지로 도와줬는데 왜 마사가 자신과 전화통화를 하거나, 함께 시간을 보내고 싶어하지 않는지 이해할 수 없었다.

이유는 간단하다. 제니는 마사를 도와줄 때 자신의 한계를 고려하지 않았다. 이제 제니는 마사에게 분노하고, 마사는 죄책감을 느낀다. 만약 제니가 마사를 도와줄 때 자신의 한계를 고려했더라면 일이 더 잘 풀렸을 것이다. 이런 균형은 감정과 욕구에 아랑곳하지 않는 '열심히 노력해라' 같은 조종자를 멀리해야만 얻을 수 있다.

'열심히 노력해라' 조종자 반대편에 있는 허용자는 이렇게 말한다. "No라고 말해도 괜찮아." "내려놓는 것도 괜찮아." 다시 말해 열심히 노력하지 않는 쪽을 선택해도 된다는 뜻이다. 모임에 참여하고 싶지 않으면 모두 참여하지 않아도 되고, 한 모임만 참여하지 않아도 된다. 새로 사귄 사람과 시간을 보내려고 애쓰지 않아도 되고, 엄청난 프로젝트를 맡지 않아도 된다. 요컨대 일이나 우정, 친밀한 관계에서 자신의 한계를 인정해야 한다.

허용자는 한발 더 나아가 이렇게 말한다. "목표를 이루기 위해 도움을 요청하는 것도 괜찮아. 프로젝트가 어렵다고 인정하는 것도 괜찮아. 다른 부분에서 한계를 정하는 것도 괜찮아."

'열심히 노력해라' 조종자를 더이상 따를 필요가 없다. 단지 자신에게 집중하기만 하면 된다.


## 조종자에게 복종한 결과는
## 절망과 자기증오


조종자에게 복종한 결과는 역설적이게도 우리가 처음 조종자를 존중함으로써 얻고 싶었던 것과 정반대다. 바로 성취와 유연성 부족, 대인관계의 어려움이다. 조종자는 우리 삶 전반에 해로운 발자국을 남긴다. 조종자는 우리 행동에, 감정에, 스트레스에, 대인관계에, 자기존중감에 대가를 지불하게 한다.

'서둘러' 조종자의 지배를 받는 에일린은 직장에서 하루종일 일하고 퇴근하면, 일곱 시에 잠자리에 들어 다음 날 아침까지 잔다. 일에서 오는 피로와 긴장 때문에 생기는 내부 신호를 무시해 교대가 끝나면 완전히 녹초가 된다. 그 결과 행복에 매우 중요한 요소인 사교활동이 줄어들었다.

에일린은 심신이 고갈되고 공허해졌고, 그 공허감을 채우기 위해 술을 마신다. 또한 지쳐서 요리를 못할 경우를 대비해 패스트푸드 같은 고지방 식품을 잔뜩 사들고 퇴근한다. 결국 살이 찌고 옷이 맞지 않아 자존감이 떨어져, 일에 대한 에너지와 열정을 잃는다.

이 내리막 악순환은 더 가파르게 진행될 수도 있다. 하지만 에일린이 자신의 어려움을 인정하고 치료사와 상담한다면 치료사에게 이렇게 말할지도 모른다. "체중이 문제예요." "나 자신이 마음에 들지 않아요." 하지만 정작 핵심인 "나 자신에게 열심히 일하라고 압박해요."라고 말할 통찰력이 없을 가능성이 높다. 바로 이것이 문제다. 실제로 에일린의 어려움은 '서둘러라', '열심히 노력해라' 조종자의 결과물이다.

만약 에일린을 가까이서 지켜본다면 하루 중에 실제로 서둘러해야 할 일은 별로 없다는 것을 알 수 있다. 에일린의 서두르는 행동은 내부 압력에 불과하다. 점심을 먹는 동안 책을 읽는 것, 이동할 때 빨리 걷는 것, 쉬지 않는 것, 대화할 때 점점 초조해하는 것, 메시지에 즉시 답장을 해주는 것 등. 다른 조종자들도 다르지 않다. 그들이 약속한 영광은 현실에 없다.

어깨 위에 비평가가 찌푸린 얼굴로 앉아 있는 '완벽해라' 작가는 심리적인 압박감으로 글을 쓰지 못한다. 완벽한 짝을 찾고 있는 미혼 여성은 짝을 얻지 못한다. '다른 사람을 만족시켜라' 남편이나 아내는 분노의 순교자가 된다. '강해져라' 독불장군은 자살한다. '더 열심히 노력해라' 자원봉사자는 완전히 지쳐 자신의 경탄스러운 의도에 냉소를 보낸다.

물론 이는 다소 극단적인 예다. 대다수 사람들에게 조종자는 창의성을 방해하고, 기분을 망치게 하고, 대인관계를 방해하는 정도에서 그친다. 그렇다고 그것이 우리가 성장하려는 힘을 완전히 파괴하지는 않는다. 하지만 조종자가 강요하는 외줄타기는 가혹하다. 외줄에서 떨어지는 날이면 실패감, 우울감, 자존감이 상실되어버린다. 동전의 양면처럼 완벽한 이미지는 절망과 자기 증오를 감추고 있다. 이 동전을 주워도 좋지만 양면을 받아들여야 한다는 것을 명심하라.

## 나는 어떤 조종자의
## 영향을 받았을까?

자신이 어떤 조종자의 영향을 받았는지 알 수 있는 방법 중 하나가 과거를 살펴보는 것이다. 심리학자인 포르티아 샤피로(Portia Shapiro)가 어떤 조종자의 영향을 받았는지 확인할 수 있는 영향 분석 훈련을 개발했다.

먼저 종이 중앙에 작은 원을 하나 그려보자. 이 중심원은 당신을 상징한다. 다음에는 이 원 둘레를 따라 다섯 개의 다른 원을 그리자. 각각은 당신의 삶에서 중요한 영향을 미친 사람들을 나타낸다. 당신이 선택한 사람들은 죽었을지도 모르고 살아 있을지도 모른다. 어쩌면 그들 중 몇몇은 직접 만나본 적도 없는 사람일 수도 있다. 이 원들은 한 그룹의 사람들이나 조직일 수도 있다. 만약 책 속의 인물, 대중적인 유명인사, 영화배우가 당신의 삶에 영향을 미쳤다면 그것도 인정하자.

각각의 원을 그리고 라벨을 붙였다면, 중요한 사람이나 그룹에서 받아들인 조종자를 기록해보자(완벽해라, 서둘러라, 열심히 노력해라, 다른 사람을 만족시켜라, 강해져라). 그리고 다시 과거의 영향에서 받아들인 허용자를 기입하자. 조종자들의 근원을 알아차림으로써 당신은 그들과 거리를 둘 수 있다. 그러면 판단에 영향을 미치던 해로운 프로세스가 당신을 붙잡고 있는 힘이 느슨해질 것이다.

선택은 당신에게 달려 있다. 자신을 계속 압박할 수도 있고, 자기 내부의 언어를 바탕으로 새롭게 허용되는 부분을 늘릴 수도 있다.


더 인정받지 않아도 괜찮아!
더 완벽해지지 않아도 괜찮아!
**더 강해지지 않아도 괜찮아!**

# Chapter 3

# 자발적인 자기표현을 막는 방해자

솔직한 자기표현을 막는 판단, 규칙, 우려 • 최악의 끔찍한 상황을 가정하는 파국 • 비판적인 판단에 기반한 부정적인 자기낙인 • 감정과 행동을 막는 '엄격한 요구하기' • 내재된 자아가 보내는 신호, 우울증 • 내 부정적인 메시지는 어디에서 나올까?

## 솔직한 자기표현을 막는
## 판단, 규칙, 우려

"생각이 떠오르면 나는 먼저 나 자신에게 이렇게 말해요. '내 생각은 별로 중요한 게 아닐 거야. 아니, 다른 사람이 먼저 생각한 걸 거야.' 그러다 누군가가 내 생각을 복사한 듯이 말하면 나 자신에게 이렇게 말해요. '너는 생각 하나 제대로 표현하지 못하는 바보야!' 나는 정말 나를 이길 수 없어요. 이걸 설명하는 것조차 '나는 정말 바보야!' 라는 생각이 들게 해요."

이렇게 말하는 세일라처럼 당신도 자발적으로 자기표현을 어려워하고 제한된 삶에 자신을 가두는가? 당신도 행동과 감정이 자연스럽게 표출되는 것을 막는가? 만약 그렇다면 당신 또한 '안 돼(No), 하지 마(Don't), ○○하는 경우에만(Only if)' 방해자와 친밀한 것이다.

방해자(stopper)는 내 관심을 사로잡았던 최초의 자기대화 형태다. 내가 그것을 처음 알아차린 것은 적극성 훈련 워크샵에서다. 그곳에서 나는 부정적인 판단, 제한된 규칙, 걱정스런 우려가 사람들의 솔직한 자기표현을 막는다는 것을 알았다.

여기 한 남자가 마음에 드는 여자에게 데이트를 신청하지 못하고 있다(혹은 그 반대도 가능하다). 섹스 상대를 찾고 있는 것처럼 보이는 것이 두렵기 때문이다. 한 여자가 늦게까지 일하라는 상사의 말에 "No"라고 말하지 못한다. 잘릴 것이 두렵기 때문이다. 사람들은 솔직한 의견을 주고받지 못한다. 한쪽이 '내가 위에 있어야 해.' 라고 생각하기 때문이다.

현대 게슈탈트 심리치료(gestalt therapy)의 창시자인 프리츠 펄스(Fritz Perls)가 말했다. "인간은 자신의 성장을 방해하는 유일한 유기체다." 이 말은 인간이 흥미로운 삶을 살고 더 나은 인간이 되기 위해 다양한 관심과 접촉을 하려고 하지만 이것을 내면의 메시지가 가로막고 있다는 것이다.

이런 형태의 자기거절을 생각해보자. "넌 작가(예술가, 엔지니어, 사업가 등)가 될 수 없어.""넌 너무 어려(나이가 많아, 무식해, 재능이 없어 등).""기회를 막는 다음과 같은 자기대화도 있다. "그는 널 기억하지 못할 거야.""성가시게 다시 전화하지 마."

우리는 자신에 대해, 외모에 대해, 아이들에 대해, 성공의 수
준에 대해 끝없이 비교한다. 이 비교가 얼마나 고통스러운지 생
각해보면, 방해자들은 절대 도움이 되지 않는다고 단호하게 말
할 수 있다. 그들은 절망을 불러온다. 옆에 있는 층층나무에 꽃
이 만개할 때 꽃을 피우지 못해 우울한 떡갈나무를 상상해보자.
아니면 가젤을 쫓는 것이 어떻게 보일지 의식하는 아프리카 사
바나의 치타를 생각해보자.

방해자라는 용어는 원래 정신과 의사인 에릭 번(Eric Berne)이
'OO하지 마(don't be, don't grow).' '그렇게 하면 안 돼(don't be
normal).'와 같은 부정적인 메시지에 처음 사용했다. 나는 그것에
'파국' '부정적 자기낙인' '엄격한 요구'까지 확대해 포함시킨다.

각각의 방해자 프로세스를 기술하기 전에 흔히 '사람들이 가
득 찬 방 건너편에 있는 낯선 여인'이라고 부르는 상황을 살펴보
자. 한 남자가 낯선 사교모임에 참석했다. 아마 회의 후에 이어지
는 사교모임일 수도 있고, 어쩌다 알고 지내는 사람이 "한번 들
러요. 두루두루 친구가 될 수 있는 좋은 기회니까."라고 말하면
서 초대한 모임일 수도 있다. 어떤 상황이건 당사자는 낯선 사람
들과 한 공간에 있게 되면 '이제 무엇을 할까?' 하고 생각한다.

그는 자신이 있는 곳의 위치와 방향을 가늠하며 잠시 시간을
보낸 후 주변을 둘러보다가 건너편에 괜찮은 여성이 있는 것을

발견한다. 그녀 역시 그에게 흥미를 느끼고 있다. 관심의 원천이 무엇이건 간에 자기대화가 부정적이지 않다면, 그는 그녀에게 걸어가 자신을 소개하고 말을 걸 것이다.

비록 처음에 내키지 않아도 일단 행동으로 옮기면 그의 자아는 이렇게 지지한다. "이봐. 밑져야 본전이잖아? 이건 사교모임이야. 이야기하려고 온 거라고. 장담컨대 저기 저 여자도 너와 만나는 것을 즐거워할거야. 어서 가서 말을 걸어봐.""저 여자도 주변을 흥미롭게 관찰하고 있어. 그녀 역시 다른 사람들의 반응을 알고 싶을 거야. 설사 그렇지 않다 해도 상관없잖아. 어서 가서 한번 말을 걸어봐."

반면에 행동으로 옮기려는 순간, 내부의 심판자가 나타나면 그는 망설일 것이다. "아, 내가 만나고 싶었던 여자가 저기 있군. 한번 말을 걸어볼까." 여기까지는 좋다. 주목해야 할 것은 지금부터 방해자가 표면에 등장하는 방식이다.

"잠깐." 방해자는 이렇게 말을 시작한다. "네가 그녀를 만나고 싶어한다는 것이 그녀가 너를 만나고 싶다는 말은 아니잖아? 만약 네가 그녀쪽으로 걸어갔는데 그녀가 너를 발견하고 걸음을 옮기기라도 하면 어쩔 건데? 최악일 거야. 그리고 비록 그녀가 너에게 관심을 보인다고 하더라도 네가 그녀를 즐겁게 해줄 수 있다고 보장할 수 있어? 무슨 말을 할래? 중요한 건 그거야. 그렇지! 만약 그녀가 네쪽을 바라보고 미소를 지으면 그때 걸어가. 보이지? 그녀가 미소를 짓잖아? 아니 잠깐만, 그녀가 너에게 미소를 짓는 건지 어떻게 알아? 만약 그녀가 다시 한 번 미소를 지으면, 그때 가서….”

나는 방해자 독백에 대해 말할 때 사람들이 자기 주변에 쌓아 올린 벽이 생각만큼 위험하지 않다는 것을 알 수 있도록 끝으로 가면서 과장한다. 물론 이런 독백을 하는 사람이 낯선 사람과 말을 하기 위해 방을 가로질러 가는 일은 거의 없다(두세 걸음 정도는 시도해볼지 모르지만). 이런 독백은 곧 자기거절이다.

이 짧은 자기대화에 개입한 방해자들의 수를 아는가? 바로 여섯이다. 둘은 ‘파국’, 둘은 ‘부정적인 자기낙인’, 둘은 ‘엄격한 요구’ 다. 이 방해자 프로세스에 대해 각각 자세히 살펴보자.


## 최악의 끔찍한 상황을 가정하는 파국

파국(catastrophizing)은 심리학자 알버트 엘리스가 최초로 만든 용어다. 파국은 행동을 하기 전에 그것으로 인해 일어날 수 있는 모든 끔찍한 일들을 미리 예측해 최악의 상황을 가정하는 것을 뜻한다.

파국은 '행동=얻어질 이득/감수해야 하는 위험' 방정식에서 정답을 유추하는 것을 방해한다. 파국을 예상하면 위험요인을 과장하기 때문에 행동으로 옮길 수가 없다.

앞에서 예를 든 파티에서 심판자는 방 건너편에 있는 여성이 그를 알고 싶어하지 않을 수도 있다며 최악의 상황을 가정하게 했다. 이 예측불허의 시나리오가 결과적으로 끔찍하게 여겨졌기 때문에 내재된 자아의 바람에 따라 행동할 기회가 사라져버린 것이다.

파국의 핵심문구는 "만약 ○○하면 어쩌지?"와 "○○되면 끔찍할 거야."다. 공포감을 완화시키는 중화제는 "그래서 뭐가 어떻다는 거야?"다. 만약 우리가 좀더 성장 지향적이 되면 자기대화 "○○은 끔찍할 거야."는 실제 행동의 결과가 아니라 자기평가의 결과라는 것을 알게 될 것이다. 다시 말해 생각했던 최악의 상황이 실제로 일어나도 대부분은 외적인 피해가 그렇게 크지 않다는 뜻이다.

어떤 사람이 '내가 월급을 올려달라고 했는데 그렇게 되지 않으면 끔찍할 거야.' 라고 파국을 예상한다면, 그 '끔찍함' 은 거절 당했다는 당혹감과 상처받은 자존심 정도다. 월급을 올려받지 못한 것의 실제 결과는 역설적이게도 다음에 올려받을 기회가 있다는 것이다.

만약 자신이 두려움과 파국의 벽에 막혀 있다는 생각이 들면 "○○하면 어쩌지?"를 한번 적어보자. 예를 들면 이렇다. "지오프가 두 번 다시 데이트를 신청하지 않으면 어쩌지?" "내가 한 발표에 대해 반응이 신통치 않으면 어쩌지?" "내가 연극에서 배역을 맡으려고 애썼는데 안 되면 어쩌지?"

다음 단계는 그 두려움이 실제 결과인지 자기평가인지 판단해보는 것이다. 다른 말로 하면 위에 말한 예에서 연극에서 배역을 맡지 못한 것은 약간의 상실감이나 언짢은 기분 정도로만 이어질 것이다. 자기대화를 바꾸면 자기평가의 결과는 급격하게 달라질 수 있다.

다음 목록을 살펴보고, 어떤 것이 당신을 막고 있는지 확인해보자.

- 실수를 한다면?

- 완벽하게 해결하지 못한다면?

- 누군가가 두 번 다시 나를 보기 싫어한다면?

- 옳지 않다면?

- 누군가가 내 의견에 반대한다면?

- 누군가가 내게 화를 낸다면?

- 인정받지 못한다면?

- 화가 난다면?

- 감정적이 된다면?

- 일자리를 잃는다면?

- 인간관계가 잘 풀리지 않는다면?

- 비판을 받는다면?

- 할 말이 생각나지 않는다면?

- 거절당한다면?

- 얼굴이 붉어진다면?

- 목소리가 떨린다면?

- 모든 사람들이 나를 좋은 사람으로 여기지 않는다면?

- 내 말에 귀를 기울이지 않는 사람이 있다면?

- 나보다 아는 것이 많은 사람이 있다면?


　자, 각각의 진술 앞에서 "만약 ○○면 어쩌지?"를 적고, 그 감정의 차이를 적어보자. 이런 가정 중 하나가 실제로 일어난다면 정말 그렇게 끔찍할까? 한번 생각해보자. 아마 놀라운 답이 나올 것이다.

# 비판적인 판단에 기반한
# 부정적인 자기낙인

부정적인 자기낙인(negative self-labeling)은 내재된 자아의 자연스럽고 건강한 충동에 부정적인 판단의 라벨을 붙이는 것이다. '지겨운' '별로 중요하지 않은'과 같은 낙인은 우리가 내재된 자아의 신호에 따라 행동하는 것을 힘들게 한다. 이 낙인은 비판적인 시선으로 성장하려고 하는 우리의 노력을 비웃을 준비가 되어 있는 비판자에게서 나오는 것이다.

적극적인 표현의 충동은 부정적인 자기낙인 효과에 상처받기 쉽다. 타인을 향해 긍정적인 감정을 표현하려고 하면, 부정적인 자기낙인은 '진실하지 못한 것'이나 '지나치게 과장된 것'으로 들리지 않게 하라고 경고한다. 만약 자신에 대해 좋은 말을 하고 싶은 충동이 들면 '자만하는'과 '자랑하는'이라는 낙인으로 침묵하게 한다.

부정적인 감정의 표현은 '잔소리한다'나 '심술궂다'는 낙인으로 짓누른다. 인간관계에 한계를 정하거나 "No"라고 말하려고 하면 '이기적인'이나 '인정머리 없는'과 같은 낙인으로 죄책감이 들게 한다. 말하고 싶은 것이나 하고 싶은 것에 '중요하지 않은' '바보 같은'이라는 낙인으로 시도 자체를 힘들게 하고 창의성을 짓누른다.

밀리의 말을 들어보자. "나는 단 세 문장을 쓰면서 세 시간을 보냈어요. 나는 내가 작성한 말에 모두 라벨을 붙였어요. '이것은 재미있어 보여.' '저것은 포인트가 없어.' '저것은 구식이야.' '귀엽게 하려고 하지 마.' 이렇게 하다보니 나 자신과 내 글이 너무 역겨워서 그냥 자기로 마음먹었어요."

나는 밀리와 같은 예를 수없이 보고 듣는다. 우리의 심판자는 하나같이 재미없다는 부정적인 라벨로 우리를 질책한다. 밀리의 글과 작가 르웰린 포이스(Llewelyn Powys)의 글을 비교해보자. 포이스는 자신의 저서 『The Creative Process(창의적인 과정)』에서 자신이 글을 쓸 때 어떻게 부정적인 라벨을 무시하는지 설명하고 있다.

"나 자신만의 글쓰기 방법은 내가 어떤 형태로 글을 쓸 것인지 미리 생각하지 않다는 것이다. 그저 아이디어들이 내 마음속에 들어오는 대로 모두 적어둔다. 공상적인 것, 감상적인 것, 외설적인 것, 불손한 것, 무관한 것 등 모두 똑같이 환영한다. 하지만 일단 작업에 들어가면 가장 적절한 말이나 어떤 특정한 문장과 적절한 균형을 이루는 말을 찾는 데 상당한 공을 들이고 시간을 보낸다."

포이스의 설명에 따르면 포이스의 비판자는 글 소재가 종이에

옮겨지고 난 후에 등장한다. 포이스의 글은 방해자의 간섭을 받지 않고 자연스럽게 흘러간다. 포이스는 계속 말한다.

"나는 미성숙하고 훈련받지 않은 작가가 극복해야 하는 가장 큰 어려움이 자신감 결핍이라고 생각한다. 그들은 한결같이 자의식이 너무 강하다. 일단 펜을 잡으면 다른 사람들이 어떻게 생각할지는 잊어버리고 자신만의 방식으로 부지런히 쓰는 것이 중요하다."

방해자가 행동을 억제하는 것은 비단 창의적 과정에만 해당하지는 않는다. 스포츠나 레저 활동에서도 마찬가지다. 예를 들어 존은 테니스, 브리지(역주 _ 카드놀이의 일종), 스키를 배우려 하지 않았다. 초보자인 자신의 모습을 견딜 수 없었기 때문이다. 존은 자신이 서툴러 보이거나 멍청해 보이는 것을 매우 두려워했다. 이런 비판적인 관점 때문에 존은 익숙한 극소수의 활동만 하는 것이 안전하다고 생각했다.

존이 굳게 마음먹고 새로운 것을 시도할 때조차도 부정적인 자기라벨이 존을 긴장시키며 방해했다. 당연히 존은 새로운 스포츠를 배우고 익히는 즐거움을 누릴 수 없었다. 부정적인 라벨은 다르게 해석할 수도 있는 행동을 가혹하게 판단한다. '우둔한' '어설픈' '서툰'과 같은 라벨은 훨씬 덜 부정적일 뿐만 아니라 실제로 더 정확한 표현인 '초보자'라는 라벨로 대체할 수 있는 것이다.

대부분의 부정적인 라벨은 진실이나 정직, 혹은 현실을 직시하려는 마음에 근거하지 않고 가혹적이고 비판적인 판단에 기반하고 있다. 우리가 선택하는 라벨은 과거 우리 삶에 중요한 영향을 미친 사람들이 사용했던 것이다. 만약 어린시절에 중요한 사람이 완벽함의 잣대를 강하게 들이대며 가혹하고 비판적이었다면, 운동을 처음 배울 때 '좋은 출발' 보다 '서툰' 이라는 라벨을 붙일 것이다.

따라서 우리는 지속적으로 자신의 라벨을 재평가하고 그것이 미치는 해로운 효과를 제한해야 한다. 이때 미국 대통령이었던 해리 트루먼(Harry Truman)의 말은 기억해야 할 필요가 있다. "헛간을 부수는 것은 바보·멍청이라도 할 수 있지만 그것을 세우는 데는 목수가 필요하다." 여기서 바보·멍청이는 심판자이고, 목수는 내재된 자아다.

부정적인 라벨을 평가할 때 행동 뒤에 가려진 동기를 고려하는 것 역시 중요하다. 예를 들어 부정적인 감정을 표현하는 것은 잔소리를 하거나 심술을 부리는 것이 아니라, 단지 분노가 쌓이지 않게 하기 위해 긴장을 푸는 행동일지도 모른다. 테니스를 치는 것은 슈테피 그라프(Steffi Graf)의 라이벌이 되기 위해서가 아니라 단지 즐거운 운동을 원하기 때문이다.

많은 부정적인 자기 라벨이 여러분에게 친숙하게 느껴질 것이다. 잔소리 심한, 차가운, 충동적인, 단조로운, 재미없는, 공격적인, 미성숙한, 자기 중심적인, 배은망덕한, 무책임한, 여자답지 못한, 가혹한, 거만한, 부모 같은, 폭군 같은, 이기적인, 그릇된, 빡빡한, 비논리적인, 비이성적인, 경솔한, 히스테리를 부리는, 미친, 무감각한, 억지를 부리는, 무례한, 성마른, 멍청한, 둔감한, 뻔뻔스러운, 우둔한, 신랄한, 계집애 같은, 약한, 못생긴, 시끄러운, 무능한, 경쟁심이 강한, 남자답지 못한, 요지부동의, 숙녀답지 못한, 도가 지나친, 여린, 행동을 과잉되게 하는, 말썽꾸러기인, 유치한, 옹고집의, 자기연민에 빠진, 어리석은, 우쭐대는, 중요하지 않은, 너무 이상주의적인, 시시한, 냉담한, 트집 잡는, 자기만 아는, 지나치게 감정적인 등. 어떤가? 여러분에게 유난히도 친숙한 라벨들이 많은가?

## 감정과 행동을 막는 '엄격한 요구하기'

'엄격한 요구하기(setting rigid requirements)'는 앞에서 예를 든 상황에서 방해자 역할을 하는 세 번째 프로세스다. "만약에 그녀가 내쪽을 보고 미소를 지으면 나는 방을 가로질러 걸어가 그녀에게 접근할 거예요."라는 말은 '엄격한 요구'다.

뒤에 덧붙인 '만약 그녀가 다시 한 번 미소를 지으면'이라는 말도 마찬가지다. 별것 아닌 '만약'에 주목해보자. 이 한 마디 안에 행동으로 옮기기 전에 충족되어야 하는 조건이 들어 있다. 이 조건은 우리가 선택할 폭을 좁히며 감정과 행동을 막아 버린다. 오래된 격언인 "좋은 말을 할 수 없다면 말을 하지 마라."는 부정적인 감정의 표현을 완전히 막아버리는 보편적인 '엄격한 요구'다.

다음은 '엄격한 요구'의 목록이다. 이 중에 어떤 것이 당신의 방해자 레퍼토리에 들어 있는지 생각해보자.

- 나는 오직 ○○인 경우에만 내 감정에 충실할 것이다.

- 만약 그것이 매우 중요하다면,

- 만약 누군가가 기분이 나쁘지 않다면,

- 만약 내가 지금 이대로 살 수 없다면,

- 만약 내 주위에서 날 봐줄 사람이 아무도 없다면,

- 만약 내 배우자가 그것을 할 수 없다면,

- 만약 내게 모든 사실이나 정보가 있다면,

- 만약 내가 다른 모든 것을 완벽하게 완료한다면,

• 만약 다른 사람이 그것을 받아들일 수 있다면,

• 만약 내가 자신에 대해 좋게 느낀다면,

• 만약 그것이 내가 느껴야 하는 것이라면,

• 만약 내가 느끼는 것에 확신이 든다면,

• 만약 내가 정당하다면,

• 만약 내가 동료를 상대하고 있다면,

• 만약 다른 사람들의 감정에 상처를 입히지 않는다면,

• 만약 다른 사람이 나를 여전히 좋아한다면,

• 만약 아무도 내게 화를 내지 않는다면,

• 만약 내 주장에 결함이 없다면,

• 만약 내가 겸손할 수 있다면,

• 만약 내가 완벽하다면,

• 만약 그것이 내 일의 일부라면,

• 만약 그것이 원칙의 문제라면,

• 만약 내가 결과를 안다면,

• 만약 적절한 때라면,

• 만약 내가 반감이 들지 않는다면,

• 만약 그것이 정말 나를 괴롭힌다면,

• 만약 내가 재치 있고 언변이 유창하고 똑똑하다면,

‘엄격한 요구’는 심판자의 생각과 맞지 않으면 행동을 자주 중단시킨다. 따라서 ‘강해져라’ 조종자를 따르도록 배워온 사람이라면 흔히 자신에게 이렇게 요구한다. ‘감정을 표현하지 않고 나 자신을 표현할 수 있다면 할 것이다.’ 이 요구에 따르는 사람은 정말 중요한 것을 표현하지 못한다.

　‘다른 사람을 만족시켜라’ 조종자의 지배를 받는 사람은 “다른 사람의 감정을 해치지 않는다면 표현할 것이다.”라는 ‘엄격한 요구’를 받을 것이다. 다른 사람의 감정을 해치지 않는 것은 부분적으로 마음만 먹으면 통제할 수 있기 때문에 상대를 배려하기 위해 우리 자신을 제약할 수밖에 없다. 결국 부정적인 감정을 주장하지 못하는 것이다.

　‘엄격한 요구’는 ‘서둘러라’ ‘열심히 노력해라’ 조종자들과도 친하다. 조종자가 “좋아, 집을 다 치우고 수입 세금영수증을 분류하고 열 페이지에 걸쳐 적어놓은 일을 마치면 그때 쉬어도 돼.”라고 명령을 내리면, 우리는 내재된 자아가 아무리 피곤하다고 신호를 보내도 조종자들이 요구한 것을 다 하기 전까지는 쉬지 않을 것이다.

　‘○○하면(If)’으로 시작되는 ‘엄격한 요구’의 해독제는 허용자 ‘○○라고 하더라도(Even if)’다. “정말 중요하다면 질문할게요.” 대신 “중요하지 않더라도 질문할게요.”라고 말할 수 있다.

"다른 사람의 감정을 상하게 하지 않는다면 표현할게요." 대신 "다른 사람의 감정을 상하게 하더라도 표현할게요."라고 하면 된다.

만약 자신의 의도가 긍정적이라면 표현하는 것이 좋다. 내가 나를 표현하지 못하면 감정은 이후에 파괴적인 방식으로 표출될 뿐이다. 많은 우정과 결혼이 상대방의 감정을 상하게 하지 말라는 요구 뒤에서 분노를 축적했기 때문에 파국으로 이어진다. 결국 분노가 너무 쌓여 더이상 누를 수 없는 상태가 되면 '엄격한 요구'는 한쪽으로 밀려난다. 이때는 초기에 대응할 수 있었던 문제를 해결하기에 너무 늦어버린다.

## 내재된 자아가 보내는 신호, 우울증

방해자들이 내재된 자아의 성장과 발달을 방해하기 때문에 우리는 건강, 행복, 일반적인 삶을 사는 데 상당한 비용을 지불해야 한다. 방해자들은 자발적인 표현을 하지 못하게 함으로써 우리에게 나쁜 영향을 미친다. 또 우리를 좁고 그들이 예측할 수 있는 길에 가둬버리고, 일과 관련되지 않은 것에는 엄격한 시간과 잣대를 적용한다. 우리 삶에 연료를 공급해주는 작은 흥분이나 관심에 'No'라고 하기 때문에, 우리는 자고 일어나 일터로 가고 퇴근해 집에 오고 술 한 잔 마시고 텔레비전을 보고 잠자리에 드는 단조로운 일상을 반복한다.

주말은 지난 주를 회복하고 다가오는 주를 준비하기 위해 있는 것이다. 방해자들이 외치는 "시간 없어" "너무 늦었어" "너무 비싸"는 모험과 즐거움을 주는 활동이 점차 사라지고 있음을 알리는 전주곡이다. 이런 자기박탈감에는 많은 비용을 지불해야만 한다.

이 비용을 알려주는 최초의 신호가 개인의 감정이다. 이 신호는 이런 말 속에 숨어 있다. "사는 것이 재미없어." "내 결혼에서 로맨스가 사라졌어." "나는 일에 완전히 지쳤어."

이처럼 방해자의 강력한 통제는 내재된 자아를 침체시키고 부진하게 만든다. 시간이 지나면 권태와 무료함은 우울로 깊어질 것이다. 정서적인 자양분에서 매우 중요한 성분이 버려질 때 개인의 세계는 협소하고 보람이 없는 곳으로 수축해버린다. 내재된 자아가 너무 많은 것이 없어졌다고 보내는 신호가 바로 우울증이다.

비슷한 차원에서 방해자가 자기주장을 막을 때 우울과 또 다른 부정적인 감정이 발생한다. 이 부정적인 감정을 표현하지 못하면 '분노 쌓아두기'로 이어진다. '분노 쌓아두기'는 주기적으로 폭발하거나 겉으로 드러나지 않지만, 그것 이상으로 해로운 침묵으로 이어진다. 두 가지 모두 긴장이 따르고 대인관계를 파괴한다.

방해자들이 대인관계에 꼭 필요한 자기표현을 막을 때, 우리는 불안이 유발하는 자기대화의 벽에 막혀 타인에게 손을 내밀 수가 없다. 한 마디로 수줍음을 타는 것이다. 한때 수줍음을 많이 탔던 내 경험에 비춰 말하자면, 수줍음은 자신의 표현이 수용되지 않을 것이라는 생각에서 온다.

우리가 자신에게 가하는 억압인 수줍음은 타인과의 고립과 낮은 자기존중감을 초래한다. 예로 들어보면 탐은 언제나 다른 사람들과 나누는 스몰 토크, 즉 사소한 대화를 어려워한다. 탐은 자신의 생각에 '진부한 것' '이미 알려진 것' '재미없는 것'이라는 라벨을 붙이고 서로 대화할 수 있는 정보를 나누지 않는다. 탐의 엄격한 요구인 '정말 새로운 것이 생각나면 말해야지.'는 언제나 많은 기회를 놓치게 만들고, 파국인 '내가 사람들에게 어색한 말을 하면 끔찍할 거야.'는 탐이 타인과 교류하는 것을 불가능하게 한다.

방해자들이 탐의 소통을 너무 효과적으로 억눌러 탐은 사람에게 무관심해 보인다. 심지어 탐을 냉담한 사람으로 알고 있는 사람도 있다. 결국 탐이 가장 두려워하는 일이 일어났다. 탐은 무시당하고 심지어 외면당한다. 이 비극이 일어난 것은 탐이 먼저 자신을 거절했기 때문이다.


## 내 부정적인 메시지는
## 어디에서 나올까?

방해자 프로필을 결정하려면 조종자들을 알아보기 위해 앞에서 했던 훈련을 반복하면 된다.

다시 종이 중앙에 원을 하나 그려보자. 이 원은 당신을 나타낸다. 이 중심원을 둘러싸는 다섯 개의 원을 그려보자. 그것은 각각 당신의 삶에 중요한 사람이나 그룹을 나타낸다.

원을 그리고 각 라벨을 붙였다면 그 안에 중요한 사람들과의 상호작용을 통해 학습한 파국(이웃들이 어떻게 생각할까?), 부정적인 낙인(넌 이기적이야), 엄격한 요구(좋은 사람들은 화를 내지 않는다)를 기록해보자.

그리고 당신이 받았던 허용의 메시지를 기록해보자. 아마도 여기에는 '너 자신이 되어라.' '아이들이 언제나 얌전하게 있어야 하는 것은 아니다.' '자신에게 진실하기를!' 같은 것을 포함

할 것이다. 당신의 부정적인 메시지가 어디에서 오는지 아는 것은 이후에 대처할 수 있는 능력을 높여준다.

이어지는 장들에서 방해자들을 우리가 가는 길에서 어떻게 없앨 수 있는지 살펴보게 될 것이다. 하지만 그전에 심판자가 개입하는 부정적인 자기대화의 형태가 한 가지 더 있다. 다음 장은 바로 그 혼란자에 관한 것이다.

더 인정받지 않아도 괜찮아!
더 완벽해지지 않아도 괜찮아!
**더 강해지지 않아도 괜찮아!**

# Chapter 4

# 일상 경험을 왜곡시키는 혼란자

어떤 경험은 과장하고, 어떤 경험은 무시하기 • 감정과 행동에 엄청난 영향을 미치는 임의적 추론 • 때론 긍정적인 추론이 독이 되기도 한다 • 엉뚱한 사람에게 책임을 돌리는 책임전가 • 터널시야를 만드는 인지적 결핍 • 차이를 무시하는 과잉 일반화 • 불행의 원인이 되는 모호한 언어와 이분법적 사고 • 실제 크기를 왜곡시키는 과장과 축소 • You—메시지를 I—메시지로 바꿔보자

## 어떤 경험은 과장하고,
## 어떤 경험은 무시하기

매일같이 쏟아져 들어오는 정보의 홍수 속에 살다보니 인식을 단순화시킬 수 있는 속기가 발달했다. 모든 사건과 사람들을 카테고리로 분류해 '옳다/그르다', '좋다/나쁘다'로 나누는 것이다. "이것이 사실이야." 혹은 "저것이 사실이야." 등.

이처럼 우리는 중간지대를 완전히 무시한 채 결론만 이야기한다. 어떤 경험은 과장하고 어떤 것은 무시한다. 이 속기는 주변을 단순화시키는 이점이 있지만 현실과 멀어지는 위험을 감수해야만 한다. 당연히 중요한 것을 무시하기도 하고 때에 따라 오해를 받기도 한다.

『선(禪)과 모터사이클 관리술 : 가치에 대한 탐구(Zen and the

Art of Motorcycle Maintenance : An Inquiry into Values)』의 저자
인 로버트 피어시그(Robert Pirsig)는 이러한 현상을 좀더 멋진 말
로 표현한다. "우리는 주변의 끝없는 풍경에서 모래 한 줌을 가
져와 그것을 세계라고 부른다."

정신과 의사인 아론 백(Aaron Beck)은 일상 경험을 왜곡시키는
다섯 가지 인식 방법을 기술했다. 나는 이 프로세스를 '혼란자
(Confusers)'라고 부른다. 왜냐하면 그것들이 일상 경험에 대해 편
견을 갖게 하기 때문이다.

나는 백의 리스트에 세 가지를 더해 여덟 가지를 만들었다. 그
것들은 다음과 같다.

1. 임의적 추론(Arbitrary Ingerences)

2. 책임전가(Misattribution)

3. 인지적 결핍(Cognitive Deficiency)

4. 과잉 일반화(Overgeneralization)

5. 이분법적 사고 또는 흑백논리적 사고(Either/Or Thinking)

6. 모호한 언어(Vague Language)

7. 확대, 과장(Magnification)

8. 축소, 무시(Discounting)

# 감정과 행동에 엄청난
# 영향을 미치는 임의적 추론

추정은 관련 사실을 신중하게 숙고하지 않고 끌어내는 임의적 추론이다. 만약 짐이 "마크는 나를 좋아하지 않아요."라고 말한다면, 짐은 자신이 사실을 말한다고 추정한다. 하지만 이 정보는 마크가 한 말로 결론을 내린 것이 아닌, 오히려 짐이 모든 증거를 종합해 나름대로 결론을 내렸을 가능성이 크다.

이를테면 "마크는 최근에 내게 전화한 적이 없어요." "지난번에 내가 골프를 치자고 했을 때 싫다고 했어요."와 같은 증거 말이다. 따라서 "마크는 나를 좋아하지 않아요."라는 진술은 사실이 아니라 추론이다. 다시 말해 마크가 최근에 연락하지 않았다는 일련의 일들을 토대로 끌어낸 결론이다. 실제로 짐을 향한 마크의 감정은 전혀 바뀌지 않았을지도 모른다. 또 어쩌면 마크에게 그럴 만한 사정이 있었을지도 모른다.

일반 의미론 분야의 학자인 해리 웨인버그(Harry Weinberg)에 따르면 "사실의 진술은 오직 관찰한 후에만 이루어지고 수용된 표준으로 입증할 수 있는 것"이다. 추론으로 하는 진술은 관찰 범주를 벗어난 결론이다.

짐이 내린 결론의 근거인 두 증거조차도 사실이라고 할 수 없다. "마크는 최근에 내게 전화한 적이 없어요."와 "지난번에 내가 골프를 치자고 했을 때 싫다고 했어요." 역시 추론이다. 첫 번째 진술이 사실이기 위해서는 전화 응답 서비스가 연결되어 있었거나, 짐이 언제나 집에 있었고 집 전화가 통화중이었던 적이 없으며, 전화선에 전혀 문제가 없어야 한다는 전제 조건이 성립되어야 한다. 만약 짐이 이것을 확신하지 못하면, 짐의 주장은 "마크가 내게 전화했을지도 모르지만 한 번도 통화가 된 적은 없다."라고 해야 옳다. 두 번째 진술 역시 짐이 사실적 증거를 바탕으로 한 추정이기를 원한다면 정밀검토를 해야 한다.

짐처럼 우리도 사실과 추론을 구분하지 못할 수 있다. 추론은 사실이 아닐 가능성이 언제나 있으므로 추론에 의존해서는 안 된다. 웨인버그는 이 불일치의 한 예로 해마다 얼마나 많은 사람들이 공포탄으로 죽는지를 이야기하고 있다. 총알이 장전되어 있지 않다고 추론하지만 실제로는 그렇지 않은 것이다.

추론하는 것, 그 자체는 부정적인 과정이 아니다. 따지고 보면 추론은 검증을 거쳐야 하는 가설이다. 문제는 추론을 충분히 뒷받침하는 증거도 없이 임의적인 방식으로 결론을 도출하거나, 그 결론이 옳지 않을 수도 있다는 것을 인지하지 못할 때 일어난다. 추론이 우리 자신과 타인에 대한 기본적인 생각과 관련되어 있을 때는 총알이 장전된 총을 가지고 노는 것과 같다. 이 추론은 엄청난 피해를 입힐 가능성이 있다.

나는 추론 때문에 상당한 심리적 고통을 받는 사례를 수없이 보았다. "나는 결코 어느 누구도 만나지 못할 거예요." "나 혼자서는 생계를 유지할 수 없어요." "나는 다시는 행복하지 못할 거예요."는 모두 뻔뻔스러운 거짓말이다. 이것은 거의 매번 사실이 아니라고 드러났다. 하지만 우리가 그것을 사실로 받아들이고 그것을 토대로 행동하면 파괴적인 결과가 나타날 수밖에 없다.

추론은 일반적으로 개인의 기본적인 믿음과 더 많은 관련이 있다. 따라서 같은 상황이라도 다양한 추론으로 이어질 수 있다. 나는 이 과정을 생생하게 설명하기 위해 한 강연에서 다음과 같은 상황을 말해주고 답을 물어보았다.

"메어리가 친구 폴을 거리에서 보고 손을 흔듭니다. 하지만 폴은 메어리를 외면하는 것처럼 보입니다. 메어리는 어떤 반응을 보일까요?"

학생들은 다양한 답을 내놓았다. 각각의 대답은 폴에 대한 메어리의 추론에 달려 있었다.

"만약 메어리가 '폴이 더이상 나를 좋아하지 않는 것이 확실해. 나를 고의적으로 외면하고 있어.'라고 생각한다면 우울할 거예요." 한 학생이 말했다.

또 다른 학생이 재빨리 자신의 의견을 밝혔다. "다른 한편으로 메어리는 '폴이 나를 알아보지 못하는군. 머리를 자른 것이 확 달라 보이게 만들었나.'라고 생각할지도 몰라요."

세 번째 학생이 말했다. "메어리는 이렇게 생각하지 않을까요? '폴이 나를 못보고 지나쳤다는 걸 말할 순간이 너무 기다려져. 다음 3주 동안 폴을 놀려먹어야지.'"

네 번째 학생의 생각은 이러했다. "메어리가 이렇게 생각하면 화가 날 것 같아요. '어떻게 폴이 나한테 저럴 수가 있어! 거만한 자식. 자기가 대단한 존재라도 되는 줄 아나봐!'"

모든 대답 중에 제일 좋은 대답은 마지막에 말한 학생의 대답이었다. "메어리는 이렇게 생각하지 않을까요? '폴이 왜 손을 흔들지 않았을까? 다음에 보면 한번 물어봐야지.' 이건 반응이라고 할 만한 것까지는 아니죠. 그냥 궁금한 정도니까요. 하지만 그게 전부예요."

이것은 하나의 상황에서 얼마나 다양한 반응이 나올 수 있는지를 보여준다. 이 반응은 단순한 호기심부터 심각한 스트레스까지 다양하다. 각각의 반응은 어떤 추론을 하느냐에 달려 있다.

자, 이제 이 지점에서 '자기 실현적 예언'의 역할에 대해 한번 생각해보자. 여러분의 예측은 현실에서 실제로 이루어질지도 모른다. 여러분의 예측이 옳았기 때문이 아니라 추론이 감정과 미래 행동에 엄청난 영향을 미치기 때문이다.

예를 들어 메어리가 부정적인 추론을 하면 우울하거나 분노감을 느낄지 모른다. 또 폴과 마주쳤을 때 적대적인 행동을 하거나 아예 말을 안 할지도 모른다. 이 경우에 폴의 반응 역시 부정적일 가능성이 높다. 따라서 메어리의 추론 '폴은 나를 좋아하지 않아.'는 최종적인 사실로 드러날 것이다.

부정적인 추론 '난 희망이 없어.'는 잠재적인 '자기 실현적 예언'의 또 다른 강력한 예를 보여준다. '난 희망이 없어.'는 감정적으로 우울을 유발한다. 또 행동적으로는 연좌농성(자포자기)을 불러온다.

자신의 노력이 의미 있는 결과로 이어질 거라는 믿음이 없다면 노력할 동기가 사라진다. '나는 살을 빼지 못할 거야.'라는 추론은 부정적인 감정을 불러일으켜 간식을 줄이고 운동을 하려는 우리의 노력을 방해한다.

나는 치료과정에서 '희망이 없어요.'라는 추론이 변화의 주된 장애물임을 알았다. 이 메시지가 울려 퍼지지 않게 해야만 우리는 비로소 기회를 붙잡고 자아의 싹에서 나온 충동을 더이상 짓누르지 않을 것이다. '희망이 없어요.'는 우리를 희생자의 자리에 머물게 하고, 내부 동력을 꺼버린다. 당연히 차는 달리지 못한다.

# 때론 긍정적인 추론이
# 독이 되기도 한다

임의적 추론이라고 하더라도 대개 긍정적인 것은 부정적인 것만큼 문제가 되지 않는다. 사실 긍정적인 추론은 때에 따라 행복한 결과로 이어질 수도 있다. 긍정적인 추론으로 인한 믿음, 신뢰, 태도가 부정적인 사건의 완충장치 역할을 해서 스트레스를 낮추고 신체적·정서적으로 안정감을 준다.

그렇다면 긍정적인 추론이 독이 될 때는 언제일까? 부정적인 것만큼이나 긍정적인 추론도 현실을 왜곡할 때 문제가 된다. 작가인 알버트 스피어(Albert Speer)는 『Inside the Third Reich(제3제국의 내부)』에서 히틀러가 반복된 패배 앞에서 어떻게 끝까지 자신의 승리를 믿었는지에 대해 이렇게 기술했다. "행운이 온다는 종교의 교리를 믿고 이것을 바탕으로 자신이 승리할 거라고 마음속에 각인시킨 히틀러의 완고한 태도라고밖에 달리 설명할 수가 없다. 많은 사건이 히틀러를 코너로 몰아붙이면 붙일수록 히틀러는 운명에 대한 더 강한 확신으로 맞섰다."

정신과 의사인 하비 포웰슨(Harvey Powelson)은 '역 편집증'이라고 부르는 개념을 소개했다. 이 임의적이고 긍정적인 추론은 학대하는 관계에서 파트너가 말로는 "너를 사랑해."라고 하면서도 행동으로는 "원치 않아." "네가 싫어." "너는 소모품이야." 같은 신호를 보낼 때 일어난다. 여기에 긍정적인 추론, 즉 "그는 정말 날 사랑해." "그녀는 변할 거야."가 결합되면 관계에서 벗어나기가 어려워진다. 이 추론은 파트너의 말에 가중치를 두고 파트너의 실제 행동을 대수롭지 않게 여길 때 일어난다. 실체는 다시 왜곡된다.

어느 쪽이건 간에 임의적인 추론의 해결책은 비판적으로 사고하는 것이다. 우리는 먼저 자신에게 의문을 던져야 한다. "사실인가, 추론인가?" 다음 단계에선 이렇게 물어야 한다. "이 추론을 뒷받침하는 사실은 무엇인가?" 이 사실들이 압도적인 것이 아니라면 세 번째 단계로 넘어가는 것이 현명하다. 즉 결론을 검토해야 한다. 실체의 확인은 우리 믿음이 현실이라는 지도 밖으로 벗어나는 것을 막아준다.

수잔은 합창단 리허설을 할 때 바로 앞에 앉아 있던 한 여성이 휴식중에 다른 곳으로 자리를 옮기자 바로 이런 단계를 밟았다. 수잔은 그 과정을 말했다. "난 '내 음정이 틀린 것이 틀림없어.'라는 생각으로 속이 거북해지는 것을 느꼈어요. 그래서 나는 다음 휴식중에 내 추론을 확인해보았어요. 내 기분이 너무 언짢았기 때문에 그렇게 하는 것이 쉽지 않았지만 그녀에게 자리를 왜 옮겼는지 물었어요. 그녀는 옆에 앉아 있던 남자의 목소리가 너무 커 자신의 음정이 맞는지 틀리는지 구분할 수가 없었다고 설명했어요. 내가 그녀에게 물어보지 않았다면 내가 뭔가를 잘못했다고 결론짓고 기분 나빠했을 거예요. 누가 알겠어요? 합창단을 그만두었을지."

## 엉뚱한 사람에게 책임을 돌리는 책임전가

두 번째 혼란자인 책임전가는 비난이나 책임을 진짜 원인이 아닌 다른 것, 다른 사람에게 돌리는 것을 뜻한다. 감정의 책임전가는 특히 해롭다.

많은 사람들이 자기감정의 책임이 다른 사람이나 외부에 있다고 믿는다. 그들은 "너는 날 화나게 했어." "내 친구의 말이 날 우울하게 했어."라고 말한다.

어느 정도 맞는 말이다. 어떤 부정적인 시스템이나 어떤 사람이 기분을 나쁘게 할 수 있다. 하지만 감정에 대한 책임을 전적으로 다른 사람에게 돌리는 것은 감정에 대한 모든 권한을 그 사람에게 넘겨주는 것과 같다. 아이나 감옥에 갇힌 죄수가 아니라면 누구든지 나쁜 상황에서 벗어날 수 있다. 오직 내부 장애물이

저지할 때만 탈출이 불가능하다.

행동에 대한 책임전가도 있다. 학대행동(아동 학대, 배우자 학대, 자기 학대)을 한 사람들은 흔히 이렇게 말하며 외부의 어떤 것에 책임을 전가한다. "술을 너무 많이 마셨어요." "너무 시끄러워서 화가 났어요." "더 이상 '그것'을 참을 수 없었어요."

심지어 학대를 하고도 학대받은 사람에게 책임이 있다며 비난을 하는 일까지 있다. "네가 날 이렇게 만든 거야. 난 그렇게 하고 싶지 않았어." 학대자는 선택할 여지가 없었다고 자신을 설득한다. 언어 구조가 책임을 전가하게 만드는 경향도 있다. 흔히 사용하는 무해한 대명사 '그것(it)'의 애매모호함이 힘과 통제력을 약하게 만들 수 있다.

석사학위를 마치기로 생각하고 있는 낸시를 보자. "그냥 '그것'이 너무 힘든 것 같아요."라고 낸시가 말한다. "정확히 무엇이 말이죠?" 내가 묻는다. 이럴 때 어려움이 일 그 자체인 경우는 거의 없다. 대부분은 일에 대한 의욕이 없어 힘들다는 말이다.

또 다른 예도 있다. 어느 날 제니퍼가 알 수 없는 공포감에 대해 말했다. "내가 오늘 운전해서 이곳으로 오고 있을 때 '그것'이 엄습했어요." 제니퍼는 더 많은 책임을 떠맡는 승진을 받아들여야 할지 말아야 할지 갈피를 잡지 못하겠다고 말한 직후에 이 패닉을 설명했다. "패닉이 무심코 창문으로 날아들어와 머릿속에 불을 켠 것처럼 말하는군요. 패닉이 무엇에 관련되어 있는지 잘 한번 생각해보지 않겠어요?" 내가 제니퍼에게 말했다.

제니퍼는 자신이 처한 상황을 좀더 신중하게 평가한 후에 새로운 짐을 떠맡지 않는 쪽으로 결정했다. 패닉에서 내재된 자아의 경고를 알아차린 것이다. "안 돼! 너무 많아! '그것(패닉)'은 어쩌다 일어난 일이 아니야."

가장 흔하고도 고통스러운 책임전가는 다른 사람의 행동을 자신의 탓으로 여기는 것이다. 자신이 부족하기 때문에 상대가 그런 행동을 했다고 추정한다. 제이미는 조지가 자기에게 집중하지 않은 것에 대해 이렇게 말한다. "난 그렇게 예쁘지 않아요." "그렇게 똑똑하지 않아요." "그렇게 섹시하지 않아요." 등.

제이미의 책임전가는 조지와 정면으로 맞서서 다음 단계로 넘어가는 것을 막는다. 자기를 개선할 수 있는 강좌를 들을 수도 있고, 성형수술을 할 수도 있고, '충분히 괜찮아지기 위해' 할 수 있는 것들이 많음에도 불구하고 자신에게 모든 책임을 돌린다. 이것은 모든 권한이 조지에게 있음을 인정하는 것일 뿐 해결책이 되지는 않는다.

게다가 남자들은 아무리 아름답고 똑똑한 여자와 데이트를 해도 한 여자에게 집중하는 데 어려움을 느낀다. 이것은 슈퍼마켓에서 파는 타블로이드판 커버스토리를 슬쩍 보기만 해도 알 수 있다. 완전히 다른 사람이 되기 위해 자신을 바꾸려고 하면 한도 끝도 없다. 그것은 마치 '내가 충분히 다이어트를 하면 당신의 살이 빠질 거야.'라고 생각하는 것과 같다.

## 터널시야를 만드는 인지적 결핍

세 번째 혼란자인 인지적 결핍은 사물의 완전한 그림을 보지 못하는 것이다. 흔히 똑똑한 사람들이 이 혼란자에게 덜미를 잡히는데, 이는 충분한 요인을 고려하지 않고 결론짓기 때문이다. 인지적 결핍은 터널시야를 만든다. 이 터널시야는 원인을 외부로 돌리느냐, 내부로 돌리느냐에 따라 자신이나 타인을 부당하게 비난하게 된다.

해리의 예를 보자. 해리는 자신이 원하는 대학에 원서를 넣었지만 떨어졌고, 이에 수치심과 혼란을 느낀다. 해리는 이것을 자신의 능력이 부족하고 대학 표준에 못미친다고 해당 대학이 통보한 것으로 해석한다. 학창시절에 언제나 성적이 우수했고 고등학교 시절에는 전교 1등을 했음에도 말이다.

해리는 대학에 떨어진 사실의 모든 책임을 자신에게 돌린다.

입학정원에 비해 지원자가 많아 경쟁률이 높았고, 지원한 학생들 대부분이 해리처럼 1등을 했던 우등생들이라는 사실은 고려하지 않는다. 학생을 뽑는 과정에 영향을 미칠 수 있는 개인적이고 정치적인 선입견 역시 고려하지 않는다. 해리의 방정식에는 '합격은 유능하고 불합격은 무능하다.'는 것밖에 없다.

해리는 모든 정보를 고려해야 한다. 합격은 어쩌면 '(학생의 유능함+대학의 편견+지원하는 학생 수)÷(입학정원+지리적 위치+소수 신분)'일 수 있다. 이것이 훨씬 더 현실적이다. 그것은 해리의 자기징벌을 완화해주며 한층 더 노력하게 만들 것이다.

만약 해리가 책임을 내적인 원인이 아닌 외적인 원인으로 돌린다면, 전체 그림 속에 자신의 요인(이를테면 성적, 등급, 에세이, 외부 활동)을 넣지 않을 것이다. 대신 그는 다른 누군가의 잘못에 초점을 맞추며 이렇게 말할 것이다. "내가 떨어진 것은 모두 핸더슨 박사님의 잘못이야. 좋은 추천서를 써줄 시간이 없었거든." "저 대학은 오직 부자집 자제들만 입학시켜." 이 방정식 또한 정확하지 않은 것으로 미래의 행동에 도움이 되기보다 불필요한 분노만 유발한다.

다니엘은 인지적 결핍에서 특히 치명적인 유형이다. 정보를 보지 못할 뿐만 아니라 보지 않으려고 하고, 완전한 그림은 다니엘에게 고통을 준다. 다니엘은 우리가 흔히 볼 수 있는 중독자인 상습 도박꾼이다. "라스베가스에 가더라도 사업하는 친구들과 같이 있으면 날 통제할 수 있어요."라고 늘 주장한다. 하지만 다니엘은 4만 달러를 더 잃고 돌아왔다. 알코올 중독자 협회에서 훈련하는 12단계 중 첫 번째 단계가 무력감을 인정하는 것인데, 이 상습 도박꾼은 자신을 있는 그대로 인정할 때까지 거짓말을 계속 할 것이고 계속 잃을 것이다.

인지적 결핍의 해결책은 의미론 분야의 학자인 알프레드 코르집스키(Alfred Korzybski)가 '기타 등등' 이라고 지칭한 것으로 시야를 넓히는 것이다. '기타 등등' 은 우리가 판단을 내리기 전에 가능한 한 많은 정보를 확인하게 해준다. '어디에 좀더 없나?' 하는 자세는 우리의 신념체계 너머를 볼 수 있도록 좁아진 초점을 열어준다.

나는 흔히 어떤 결과에 영향을 미치는 모든 이유를 리스트로 작성하게 하고 가능한 한 많은 정보를 방정식으로 만들어 '기타 등등' 에 대한 개념을 주입시킨다. 만약 터널시야로 자책하는 사람이 있으면(대학에 떨어진 해리처럼) 상황과 사람에 관한 모든 작용요인들을 생각해보게 한다. 만약 비난을 오직 외부로 돌리는 사람이 있으면 "현실을 직시하세요!"라고 말하며 자기 행동의 결과를 생각해보기를 권한다.

# 차이를 무시하는
# 과잉 일반화

과잉 일반화는 사람들 혹은 사건들 사이에서 유사성만 인지하고 차이는 무시하는 경향이다. '사람은 다 똑같아.' '난 제대로 할 수 있는 것이 하나도 없어.' 가 대표적인 과잉 일반화다. 아픈 경험 하나가 전 세상에 대한 결론을 조작할 수 있다.

과잉 일반화는 유연성뿐만 아니라 차이를 보는 능력, 현실에 대응하는 능력을 감소시킨다. 분노를 유발하는 메시지는 대부분 타인을 과잉 일반화하는 경향에서 나온다. "그는 절대로 내 생각은 하지 않아." "그녀는 언제나 불평불만투성이야."와 같은 과잉 일반화는 분노와 절망을 불러일으킨다.

과잉 일반화에 사용되는 말은 '언제나, 절대로, 전부' 다. 여기에서 '매번'을 주목하자. '매번'은 현실을 더욱 왜곡시킨다. 이 말을 타인의 부정적인 행동에 초점을 맞추면 분노를 일으키고, 우리 자신의 행동과 관련시키면 우울을 유발한다. "내가 하는 것은 모두 틀렸어." "절대로 사랑하는 사람을 찾지 못할 거야." "나는 언제나 가만 있지 못해."와 같은 자기 메시지에 어떻게 반응하지 않을 수 있을까?

코르집스키는 과잉 일반화 경향을 막기 위한 수단으로 '날짜 기입'과 '색인 만들기'라는 방법을 사용했다. 날짜 기입은 연도, 날짜, 시간을 적어놓은 것으로 시점마다 생각하고 믿는 것이 다르다는 것을 알아차리도록 도와준다. 날짜가 기입된 '지금 나는 당신에게 매우 화가 나요.'는 '당신이 싫어요.'와 다르다. 날짜가 기입된 자기비판인 '나는 1994년에 내 아이에게 좋은 어머니가 아니었어. 그때 나는 우울했어.'는 '나는 좋은 어머니가 아니었어.'와 다르다.

'색인 만들기'는 사람과 사건의 고유성을 언급하는 것이다. 다시 말해 '남자가 여자보다 고위 경영진으로서 더 자질이 있다.'는 '남자 1이 여자 1보다 더 자질 있다.' '남자 1이 여자 2보다 마케팅 매니저로서 자질이 부족하다.'로 기술하는 것이다. 색인 만들기는 사람과 상황 사이의 차이를 인정해 현실을 더 정확하게 평가하게 만들고 세상에 더 잘 대처하게 해준다.


## 불행의 원인이 되는
## 모호한 언어와 이분법적 사고


웬델 존슨(Wendell Johnson)은 『People in Quandaries(곤경에 처한 사람들)』이라는 저서에서 혼란자를 두 가지 더 추가한다. 바로 '모호한 언어'와 '이분법적 사고'다. 이것 역시 불행의 원인이다. 존슨은 '삶의 좋은 것들'이 자주 성공·행복·부·성취 같은 모호한 말로 기술된다고 지적한다.

당연히 사람들마다 이 용어들의 의미는 다르다. 어떤 사람에게 성공은 일 년에 5천만 원 이상을 버는 것이고, 또 어떤 사람에게는 서른 살이 되기 전에 백만장자가 되는 것이다. 물론 첫 번째 사람이 두 번째 사람보다 성공할 가능성이 더 높다.

행복 역시 모호한 개념이기 때문에 명료한 정의를 내리지 못하고, 잡힐 듯 잡힐 듯 결국 잡히지 않는 경험으로 받아들인다. 사라는 많은 긍정적인 것들(돈, 재산, 더 좋은 학위, 친구, 인정)을 가지고 있음에도 자신이 행복하다고 생각하지 않는다. 혼란자 '모호한 언어'에 또 다른 혼란자 '이분법적 사고'가 가세하자 사라의 생각은 연쇄적으로 '나는 행복하지 않다.'에서 '나는 실패자임이 틀림없어.'로 확대된다. 마지막 결과는 자기평가에서 상당히 고통스럽다.

이분법적 사고는 결혼생활이 끝날 때 강해지는 경향이 있다. 그렇지 않아도 고통스러운 상황에 자체적으로 만든 괴로움이 추가된다. 이혼한 사람들은 자기 자신을 실패자로 여길지도 모른다. 하지만 흔히 양쪽 당사자 모두 결혼생활중에 의미 있는 성장을 한다.

작가이자 치료사인 셜리 루스맨(Shirley Luthman)은 사람들이 결혼으로 성장한다고 말했다. 그리고 성장이 끝나면 서로 각자의 길로 가는 것이 때로는 필요할지도 모른다고 했다. 당연히 그런 결혼은 완전한 의미의 실패라고 할 수 없다.

실제로 성공과 실패 사이에는 엄청난 영역이 존재한다. 바로 거대한 중간지대다. 중간지대를 인정한다면 그것을 구체적인 비율로 나눠 생각하는 법을 배울 필요가 있다. 만약 누군가가 '나는 올해 이룬 것이 아무것도 없어.' 라고 말하면 '내가 이루어야 한다고 생각한 것을 100% 모두 이루지 못했다.'를 의미한다. '내가 이루었어야 했던 것'이 명료하게 정의된다는 전제하에서 이분법적 사고의 틀을 깨고 싶은 사람은 이렇게 말할 것이다. "아니, 내가 이룬 것이 0%라고 말할 수는 없어. 아마 50~60% 이상일거야."

이 새로운 관점은 중간지대를 전혀 고려하지 않은 말인 "100% 이루지 못한 것은 이룬 것이 전혀 없는 것과 같다."를 뒤엎는다. 따라서 칼은 이렇게 말했다. "지난해에 내가 목표했던 책의 편집을 끝내지 못했어. 하지만 7장까지는 완료했어. 난 그것이 기분이 좋아."

# 실제 크기를 왜곡시키는
# 과장과 축소

일곱 번째와 여덟 번째 혼란자인 '과장'과 '축소'는 우리가 사람이나 상황의 중요성을 어떻게 과대평가하거나 과소평가하는지에 관한 것이다. 이 혼란자는 사물의 실제 크기가 왜곡된 것을 믿게 한다.

부정적인 자기관점을 가진 사람이라면 자신의 행동 하나하나를 현미경으로 살필 것이다. 자아의 가치를 육체적인 아름다움에서 찾는 사람이라면 잡티 하나, 몸무게 1Kg에도 상당히 집착할 것이다. 기본적으로 자기확신이 없는 사람이라면 실패한 성경험을 필요 이상으로 확대해석할 것이다. 비슷한 경우로 긍정적인 찬사나 성취도 반대 렌즈를 통해 들여다보면 순식간에 별 것 아닌 것으로 축소되거나 잊힌다.

과장은 엄청난 스트레스의 원인이 될 수 있다. 우리가 어떤 결정에 죽느냐 사느냐의 중대성을 부여할 때(이 직업인가 아니면 저 직업인가, 혼자 살 것인가 아니면 친구와 살 것인가 등) 불안감이 증가해 행동으로 옮길 수 없다. 과장에 따라 움직이는 사람은 폭풍우가 치는 바다 위에 살면서 번번이 밀려오는 파도를 극복하려고 안간힘을 써야 한다.

과장의 해결책은 '그것을 원래 크기로 줄이는' 능동적인 과정이다. '그것'은 상황일 수도 있고, 결정의 중요성, 행동의 파국적인 결과, 프로젝트의 어려움일 수도 있다. '그것을 원래 크기로 줄이는 것'은 객관적인 주변 사람과 문제를 논의하는 것일 수도 있고, 다음날까지 기다렸다가 행동으로 옮기는 것일 수도 있다. 대규모 프로젝트인 경우에는 쉽게 운용할 수 있는 작은 단계로 나누는 것일 수도 있다.

시간 그 자체가 훌륭한 해결책이 되기도 한다. 어떤 결정이든 하룻밤 자고 일어나서 내리는 것이 좋다. 이것은 사물을 좀더 명료하게 보고 분류할 수 있게 한다. 그러면 문제는 사라지거나 좀더 현실적인 무게로 다가온다.

반면에 축소는 다른 해결책이 필요하다. 만약 긍정적인 행동이나 찬사를 빠른 시간 내에 잊어버리는 사람이라면 기록해두자. 또 자기를 비하하는 대화를 찾아내보자. "그녀는 내 치료사야. 그녀는 좋게 말할 수밖에 없어.""절대 나한테만 하는 말이 아닐 거야."와 같은 진술은 자신과 상대방 모두를 깎아내린다.

이 세상에는 사기꾼도 있지만 상대방의 긍정적인 면을 진정으로 말해주려는 사람들도 있다. 만약 자기애 인격장애인 부모 밑에서 자란 사람이거나 지나치게 비판적인 멘토를 둔 사람이라면, 정서적인 경험을 바로잡는 것이 중요하다.

# You-메시지를 I-메시지로
# 바꿔보자

혼란자에 덧붙여 한 가지 추가적인 접근을 끝으로 이 장을 마무리하겠다. 이 접근은 토마스 고돈(Thomas Gordon) 박사가 제일 처음 강조한 대화 테크닉인 I(나)-메시지다. I-메시지는 화자의 느낌과 의견을 나타낸다. 그것은 부정적인 라벨로 상대를 공격하고 침해하는 You(너)-메시지와 다르다.

다른 사람들과 소통할 때 I-메시지가 You-메시지보다 훨씬 더 긍정적으로 수용되는 경향이 있다. '당신 말이 틀렸어.' 와 '내 생각은 그렇지 않아.' 에 사람들이 어떻게 반응할지 생각해보자. 혹은 You-메시지인 '당신은 무신경해.' 와 I-메시지인 '당신이 데이트에 늦어서 내가 화났어.' 와 비교해보자.

You-메시지에서 I-메시지로 이동하는 것은 타인과 상호작용할 때 실용적인 소통수단 이상의 의미가 있다. 그것은 자기소통의 새로운 형태를 만들 때 매우 중요하다. 더 깊이 들어가면 I-메시지는 자신에 대한 시각을 바꾸는 전달수단이 된다.

베티의 경우를 예로 들어보자. 베티는 외롭고 지겹다는 이유로 마음에 들지 않는 남자와 데이트를 하지만, 더 외롭고 화난 상태가 된다. 자신을 향한 베티의 You-메시지는 일반적으로 이렇다. '너는 너무 멍청해.' '너는 배우지를 못해.' '그와 데이트를 하다니 너는 바보야.' 이런 메시지는 다음과 같은 I-메시지로 대체해야 한다. '나는 외롭고 지겹다는 이유로 마음에 들지 않는 남자와 두 번 다시 데이트하고 싶지 않아. 원치 않는 선택을 해서 상처받는 일이 없도록 내 삶을 더 재미있게 만들어야 해.'

I-메시지가 베티를 곤경에서 벗어나게 해주지는 못하지만, 베티의 감정 상태를 있는 그대로 보여준다. 가능한 행동의 수준과 밀접하게 결부해서 말이다. 부정적인 판단이 가미되지 않는다. 왜? 부정적인 판단은 도움이 되지 않을 뿐더러 상황을 더 악화시키기 때문이다. 부정적인 판단 '너는 너무 멍청해.' '넌 배우지를 못해.' '그와 데이트를 하다니 넌 바보야.' 안에는 여덟 가지 혼란자의 흔적이 모두 들어 있다.

'넌 배우지를 못해.'는 '임의적 추론'이다. 베티가 그 남자와 도대체 몇 번이나 데이트를 했는가? 한 번 아닌가? 이것으로 '배우지를 못한다.'는 결론을 도출할 수 있을까? '너는 너무 멍청해.'라는 말은 또 무엇을 의미할까? 이것은 '모호한 언어'로 데이트에서 즐거운 시간을 보내지 못했다는 것에 대한 가혹한 자기징벌이다. '이분법적 사고'도 보이지 않는가? 베티는 모든 것이 유효하게 돌아가지 않으면 자신을 멍청하다고 말한다.

또한 '과장'도 있다. 총 5시간이 걸린 데이트 한 번이 베티의 지성과 성격에 대한 최종 결론을 내리게 할 정도로 중요하다고 과장되어 있다. 마지막으로 '인지적 결핍'도 있다. 베티의 터널 시야는 그녀의 부정적인 면을 지나치게 부각시킨다. 그녀가 했던 긍정적인 결정들은 없었을까? 그것들까지 고려 대상이 되어야 하지 않을까?

우리 역시 베티처럼 완벽함의 정상 아래에 있는 언덕 어딘가에 살고 있다. 언덕을 따라서 앞으로 나아가는 것을 기뻐하는 사람이 있을 것이고, 정상에 있지 않다는 이유로 화가 나 있는 사람들도 있을 것이다. 그들에게 언덕을 따라가는 것은 성취의 신호가 아닌 결핍을 일깨워주는 것이다. 낙관주의자들은 유리잔의 물이 반씩이나 남은 것에 주목하지만, 염세주의자들은 반이나 비어 있는 것에 초점을 맞춘다.

이제 여러분은 조종자, 방해자, 혼란자가 얼마나 밀접하게 얽히고 설켜서 개인의 내재된 자아에 부정적인 영향을 미치는지 알았을 것이다. 여러분들이 좀더 선명하게 이해하도록 하기 위해 각각 분리해 설명했지만 실제로 자기대화는 이 모든 것들이 결합된 잡동사니다. 기본적 신념의 패턴인 '해야 한다'와 '해서는 안 된다'가 기본으로 깔려 있고, 강요하는 자아의 조종자들·방해자들·혼란자들이 서로 단합해 있다. 이것들은 필요에 따라 얼굴을 드러낸다. 만약 당신이 타인의 의견이 매우 중요하다고 생각하며 성장해왔다면, 자기생각을 지지하기보다 군소리 없이 주변에 따르는 쪽을 선호할 것이고, '다른 사람을 만족시켜라' 조종자의 재촉을 받아왔다면 자신의 가치가 다른 사람의 인정에서 나온다고 믿을 것이다.

같은 맥락에서 '강해져라' 조종자의 지배를 받아왔다면, 부드러운 감정이 노출될 때 자기 증오감과 모욕감을 느낄 것이다. 부드러움은 '약함'과 같고, '슬픔'은 '자기연민'과 같다. 섬세한 감정을 공유하는 데 보낸 시간을 과장할 것이다. 내 내담자처럼 치료중에 대여섯 차례나 눈물을 흘리고 자제심을 되찾지 않으면 완전히 무너질 거라고 믿을지 모른다.

우리는 이제 자신의 조종자·방해자·혼란자를 인지할 수 있게 되었다. 그래서 다음 장부터는 내부의 대화를 바꾸기 위해 단계별로 절차를 배울 것이다. 어떤 선택을 하느냐에 따라 억압적이고 독재적인 내 안의 동료에게 자양분을 공급해줘 나를 성장시키는 좋은 동료로 바꿀 수 있다.

더 인정받지 않아도 괜찮아!
더 완벽해지지 않아도 괜찮아!
더 강해지지 않아도 괜찮아!

Chapter 5

# 자신의 삶을 통제하는 자동 테이프를 바꾸자

조종자, 혼란자, 방해자들에 대처하는 다섯 단계 지침 • 1단계 _ 자기대화로 인식하자 • 2단계 _ 자기대화가 도움이 되는지 평가하자 • 3단계 _ 자기대화에 들어 있는 조종자, 방해자, 혼란자를 확인하자

# 조종자, 혼란자, 방해자들에
# 대처하는 다섯 단계 지침

"도와줘요! 판단의 바다에서 익사하기 직전이에요." 셀리가 반
농담삼아 말했다. "사방에 조종자들과 혼란자들투성이에요. 방
해자들로 질식할 것 같아요. 이제 어떻게 하죠?"

아마 이 비슷한 질문을 자신에게 하는 사람이 있을지 모른다.
마라톤으로 힘을 완전히 소진하고, 영화로 머리를 식히고, 새로
운 사랑을 시작하는 것만으로 안 되는, 당신의 삶을 향해 헤엄치
며 다가오는 '자기대화'라는 상어를 어떻게 대처해야 할까?

답은 여기에 있다. 부정적인 심판자를 몰아내고, 우리를 지지
해주는 새로운 코치와 내부의 안내자를 받아들이는 간단하고 직
접적이고 효과적인 다섯 단계 지침이 있다.

- **1단계** 인식하라. 자신과의 대화에 귀를 기울여라.

- **2단계** 평가하라. 내면의 대화가 자신을 지지하는지, 혹은 파괴하는지 평가하라.

- **3단계** 확인하라. 어떤 조종자, 방해자, 혼란자가 자신의 내부 언어를 구성하고 있는지 확인하라.

- **4단계** 자신을 지지하라. 부정적인 자기대화를 허용과 자아확인으로 대신하라.

- **5단계** 안내자를 발달시켜라. 새로운 지지 포지션에 따라 어떤 실천을 할 것인지 결정하라.

다음의 다섯 가지 질문은 이 단계를 실행으로 옮기게 해줄 것이다.

- **질문 1** 내가 나 자신에게 무슨 말을 하고 있는가?

- **질문 2** 나의 자기대화는 도움이 되는가?

- **질문 3** 어떤 조종자, 방해자, 혼란자가 개입하고 있는가?

- **질문 4** 내가 나에게 하는 허용과 자아확인은 무엇인가?

- **질문 5** 새로운 지지 포지션을 바탕으로 어떤 실천을 할까?

1단계, 2단계, 3단계는 우리가 자신에게 강요된 자아를 분리시키고, 심판자의 명령에 거리감을 느끼도록 도와준다. 우리는 머리 위에 떠다니는 경고라는 천둥과 비난이라는 번개의 검은 구름에서 벗어나야 한다.

"내가 자신에게 무슨 말을 하고 있을까?" "나의 자기대화는 도움이 될까?" "어떤 조종자, 방해자, 혼란자가 개입하고 있을까?" "내가 나에게 하는 허용과 자기확인은 무엇일까?" "새로운 지지 포지션을 바탕으로 어떤 실천을 할까?" 이런 질문은 심판자와 간격을 벌리게 해줄 것이다. 처음 세 가지 질문을 자세히 살펴보자.


## 1단계 _ 자기대화로
## 인식하자

자기대화에 조심스럽게 귀를 기울여보자. 이것이 변화를 향한 첫 번째 단계다. 흔히 우리는 자신의 삶을 통제하는 자동 테이프를 잘 모른다. 우리가 운전을 배우거나 새로운 컴퓨터 프로그램을 배울 때, 점차 배경으로 흡수되어 인지되지 않는 자기교수 (self-instruction)처럼 우리의 자기대화는 내부에 깊숙이 감춰져 있다. 우리에게 남아 있는 것은 설명되지 않는 감정뿐이지 그것을 유발하는 내부 결정에 대한 자각이 없다.

다행히 자기대화로 접근할 수 있는 지대가 있다. 바로 찬사, 비난, 새로운 프로젝트나 활동, 친밀한 공유의 기간 같은 외부유인 요인이다. 내부유인 요인 또한 내면의 풍경으로 통하는 문을 열어놓고 있다. 바로 감정, 신체적 증상, 회피 경향인데 한 마디로 부정적인 자기대화를 미리 알려주는 것들이다. 내면의 언어를 발견하려면 외적인 요소와 내적인 요소, 둘 다 이용하면 된다.

## 칭찬

당신은 찬사에 어떻게 반응하는가? 누군가가 "오늘 멋져 보이네요."라고 말할 때, "고마워요. 정말 기분이 좋군요."라고 대답하는가? 아니면 "오, 머리가 너무 길어 좀 자를 수밖에 없었어요."라고 과소평가하는가? 만약 당신 작품이 칭찬을 받으면 "시간이 좀더 있었더라면 더 광을 냈을 텐데요."라고 사죄하듯이 말하는가? 아니면 "내가 한 작품이 마음에 든다니 정말 기분이 좋군요. 저도 이 프로젝트가 기분이 좋아요."라고 긍정하는가? 칭찬에 대답하는 방식은 내면의 말에 대한 여러분의 초기 인식을 알려준다.

## 비난

외부 비판은 어떤가? 많은 사람들이 느끼는 비판의 고통은 다른 사람이 하는 공격보다 그것에 대한 자신 내부의 반응에서 온다. 예를 들어 클레어의 남편이 "오늘 밤에 사람들을 초대할 생각인데 집이 깨끗하지 않은 것 같군요."라고 말했을 때 클레어는 이렇게 소리쳤다. "나도 집이 깨끗하지 않다는 건 알아요. 주부로서 자격미달이죠. 집이 엉망이에요. 그래요. 난 지저분해요. 알고 있다고요. 날더러 뭘 어떡하라고요!" 클레어는 남편이 던진 비난 메시지를 열 배나 확대했다.

내가 클레어에게 "만약 누군가가 당신에게 막대기를 던지면 그 막대기를 집어서 자신을 때릴 건가요?"라고 물었을 때 클레어는 웃으며 말했다. "아뇨. 그건 아니에요." 당신은 이 막대기를 어떻게 사용하는가?

## 새로운 프로젝트와 활동

강도 높은 새로운 프로젝트를 눈앞에 두면 조종자, 방해자, 혼란자가 나타난다. 내가 수업중에 학생들에게 부정적인 자기대화 상황에 해당되는 글을 써오라고 하면 누군가는 이렇게 고백한다.

"내가 나 자신을 형편없이 취급하는 상황을 알아요. 하지만 글을 쓸 때조차도 나 자신을 비판하는 느낌이 들어요. '내 글이 너무 지겹지 않을까?' 하면서 말이죠. 이런 제 모습이 너무 개인적인가요? 이것이 선생님이 원하는 건가요? 내 심판자는 나타나지 않을 때가 없어요!"

새로운 상황에 처했을 때 자신의 내적 반응을 바라보자. 그러면 저 학생뿐만 아니라 당신에게도 부정적인 자기대화가 상상보다 더 많이 스며들어 있음을 발견하게 될 것이다.

### 친밀감의 공유

타인뿐만 아니라 일기 속의 자신과 친밀감을 나누는 것은 부정적인 자기 메시지를 발견하는 방법이다. 내가 내담자에게 "이런저런 일이 일어났을 때 자신에게 무슨 말을 했죠?"라고 물어보면 이런 대답이 자주 나온다. "나 자신에게 겁쟁이라고 말했어요." "정말 멍청하게 굴었다고 말했어요." 또는 이렇게 고백하는 사람도 있다. "내가 데이트 상대에게 이야기할 때 바보같이 굴었어요." "내가 핸드볼에 서툴다는 것을 알았어요."

이런 자기비하의 목소리는 기분을 상하게 한다. 하지만 대화를 통해 나올 때까지는 인지되지 않는다.

### 감정

감정은 실제로 인간 내면의 언어로 통하는 제일 좋은 길로, 분노, 즐거움, 슬픔, 후회, 흥분, 권태 같은 인체 감각을 지칭하는 것이다. "난 멍청한 것 같아요."나 "난 그것을 제대로 할 수 없을 것 같아요."처럼 위장된 자기판단은 해당되지 않는다. 부정적인 감정은 흔히 부정적인 자기대화를 알려주는 신호다. 갑작스런 감정의 변화, 즉 느닷없이 일어난 감정은 자기대화가 순간적으로 있었음을 알려주는 신호다.

체릴이 어느 날 회담를 마치고 집으로 돌아왔을 때 이런 일이 일어났다. 체릴은 주 강연자 중 하나로 연설을 잘 마쳤다. 그런데 문에 열쇠를 넣는 순간 의기양양하던 기분이 갑자기 사라지는 것을 느꼈다. "마치 트랩 도어(역주 _ 천정·마루의 치켜올리는 뚜껑문)가 덜컥 열리는 것 같았어요. 나는 갑자기 기분이 좋다가 바닥으로 추락하는 것을 느꼈어요."

체릴이 말했다. "이것은 몇 초 간격으로 순식간에 일어났어요. 내가 아는 한 나는 귀가하는 것을 싫어하지 않았어요. 그래서 그 순간 나는 나 자신에게 물었어요? '도대체 무슨 일이야? 내가 나 자신에게 뭐라고 한 거지?' 내가 질문을 던졌을 때 답이 바로 나왔어요. 그날 연설은 매우 기분 좋았어요. '내가 지금까지 했던 강연 중 최고였어.' 라고 생각하면서 말이죠. 모두 흡족해하는 것처럼 보였어요. 이어서 나는 질문을 던졌죠. '계속 이렇게 할 수 있을까?' 바로 그때 우울함이 엄습했어요."

갑작스러운 열정과 에너지의 폭발뿐만 아니라 설명되지 않는 불안감, 권태감, 적대감 또한 언제나 숨겨진 내부의 언어를 반영한다. 자신에게 중요한 질문을 던져보자. "내가 나 자신에게 무슨 말을 하고 있지?" "내가 어떻게 나 자신을 두렵게 하지?" "내가 나 자신을 어떻게 우울하게 하지?"

이 질문들을 던지고 충분한 시간을 주고 귀를 기울이면 '강요된 자아'가 주는 메시지가 표면에 나타날 것이다. 일단 떠오르는 대로 받아 적어보자. 자기대화를 기록해서 가지고 있자. 이것은 자기지지로 전환할 때 힘을 줄 것이다.

### 신체 증상

복통, 호흡곤란, 빠른 맥박, 손에 땀이 나는 증상은 부정적인 자기대화의 실마리다. 마음과 신체 사이의 상관관계는 다음과 같은 흔한 말에서도 발견할 수 있다. "너는 정말 골칫덩어리야." "이 일은 정말 골칫거리야."

로버트의 분노감은 신체적 고통으로 전환되었다. 이 고통은 로버트에게 자기대화를 하라는 신호다. "나 자신에게 무슨 말을 하고 있는 것일까?" 로버트는 이 질문에 대한 대답으로 자신이 나쁜 상황을 참고 있음을 발견했다. 로버트의 룸메이트가 이번 달 월세를 주지 않았던 것이다. 합법적인 분노가 고통으로 위장

해 있었기 때문에 로버트는 대응을 촉구하는 행동신호를 감지하지 못했다.

부정적인 자기대화의 또 다른 신체신호는 근육의 긴장이다. 그것은 흔히 감정과 감정의 표현을 막는 자기대화 사이의 갈등을 나타낸다. 나다니엘 브랜든(Nathaniel Branden)은 이렇게 말한다. "아이는 감정을 속일 수 있음을 매우 어릴 때부터 잠재의식적으로 알게 된다. 그리고 한발 더 나아가 신체를 긴장시키고 호흡을 막아 자신의 상태를 부분적으로 마비시킬 수 있다."

많은 사람들이 과거의 고통스럽거나 모욕적인 경험을 말할 때 미소를 짓는다. 이 미소는 자신의 경험이 정말 그렇게 나쁜 것이 아니라는 망상을 조장한다. 아이라는 글 속에서 이런 자신의 경험을 기술했다.

"처음 치료실에 오기 시작했을 때 온몸이 마비되는 것처럼 고통스러웠다. 치료사에게 내가 겪은 끔찍한 이야기를 했다. 누군가가 팔을 내 등 뒤로 잡아 비틀고 있고, 하루 스물네 시간 동안 꼬집히는 것 같다고 말이다. 이제 더이상 통증이 느껴지지 않았지만 참을 수 없을 정도로 고통스럽다고 말했다. 그러자 치료사가 이렇게 물었다. '당신은 그 이야기를 하면서도 얼굴에 미소를 짓고 있다는 것을 아나요?' '아니요.' 라고 나는 답했다. 그해 여름을 보내기 전에 나는 결국 치료사 앞에서 눈물을 흘렸다."

언제나 미소 지을 수 있는 것은 아니다. 괴로워하는 모습을 보이면 많은 사람들이 "울지 마세요." "너무 나쁘게 받아들이지 마세요."라고 말하며 거짓으로 지지하거나, "자기연민 속에 빠지는 건 그만둬."와 같은 징벌적인 표현으로 위로한다. 이런 메시지를 반박하지 않는 경우 흔히 자신의 감정을 진압해 긴장된 미소 한쪽에 가둬버린다.

어느 날 저녁 나는 매일 밤 찾아오는 고양이에게 먹이를 주고 있다가 호흡이 점차 힘들어지는 것을 알아차렸다. 나는 즉시 나 자신에게 "너 자신에게 무슨 말을 하고 있니?"라고 물었다.

나는 모든 사람들이 치료를 받을 수 있도록 서둘러야 한다고 나 자신을 압박하고 있음을 깨달았다. 면담을 모두 해야 한다는 생각에 몰두해 계단을 빠른 속도로 쉴 새 없이 오르내리고 있었던 것이다. 당연히 내 호흡도 조종자의 압박을 그대로 반영했다. 뒤늦게야 내가 쉬자 호흡이 정상으로 돌아왔다. 나는 신체적 증상(호흡곤란)이 부정적인 자기대화의 신호임을 알고 나서야 일을 멈출 수 있었다.

많은 사람들이 자신에게 이런 일이 생길 수 있다는 것을 잘 받아들이지 않는다. 그들은 신체적 반응을 완전히 다른 탓으로 돌린다. 불안으로 인한 심인성 위염을 암으로 여기고, 심인성 흉통을 심장마비의 시초로 여긴다. 심지어 의학적 검사결과 아무런 문제가 없을 때조차도 부정적인 정서가 신체적 통증을 일으킬 수 있다는 사실을 받아들이지 않는다. 스트레스 관련 증상이 실제로 신체질환으로 이어질 때 궤양 같은 정신·신체장애가 나타난다.

## 회피생각

"여기서 벗어나야 해." "다시 잠자리에 들고 싶어." "술이 필요해."와 같은 생각이 들면 부정적인 자기대화의 내부 압력에서 벗어나려고 애쓰고 있지 않은지 자문해봐야 한다.

샐리는 자신이 외딴 섬에 가고 싶어하는 것을 알았다. '그곳에 가면 글도 쓰고 책도 읽을 수 있어.'라고 생각했다. 하지만 다른 사람들을 만족시키기 위해 애쓰다보니 정작 자신을 위한 시간을 내지 못했다. 문득 자신의 내재된 자아가 왜 외딴 섬으로 가고 싶어하는지 깨달았다.

짐도 다르지 않다. 짐의 생각 속에 늘 맴도는 말은 '죽어버렸으면 좋겠다.'였다. 짐은 "정말 자살할 생각은 없어요. 그냥 '죽어버렸으면 좋겠다.'는 생각이 계속 드는 것뿐이에요."라고 말했다. 짐은 그 아래에 깔린 메시지 "넌 성공해야 돼. 그것도 올해 안으로!"가 자신을 압박하고 있다는 것을 알고 나서야 두려움의 사슬을 늦출 수 있었다.

짐은 자신에게 이렇게 말했다. "올해 안에 성공하는 것보다 내가 훨씬 더 중요해." 짐은 '자살 생각'을 자신을 너무 심하게 압박하고 있다는 경고 신호로 받아들였다.

## 회피행동

정작 해야 하고 하기로 작정한 일은 하지 않고, 먹고 담배 피우고 집안 청소를 하는 등 잡다한 주변 일을 하고 있는 자신을 발견한 적이 있는가? 글렌다는 일을 미루는 것을 이렇게 설명했다. "나는 서랍을 청소하고 책상을 정리하면서 오랜 시간을 보내요. 일에서 잠시 벗어날 수만 있다면 어떤 일이라도 할 거예요."

글렌다는 일을 미룸으로써 부정적인 자기대화에 직면하는 것을 피했다. 글렌다에게 불안감을 들게 해 회피행동을 하게 만든 부정적인 자기대화는 다음과 같다. "재미없을 거야." "난 아직 제대로 준비가 되지 않았어." "무능하게 보일거야."

다음 연습은 당신이 부정적인 자기대화를 발견하는 데 도움이 될 것이다. 또한 그것은 당신이 내면의 언어를 드러낼 수 있도록 신호를 보내줄 것이다.

- 최근에 들은 칭찬을 생각해보자. 어떤 대답을 했는가?
- 최근에 어떤 비판을 받았는가? 그것을 완화시켰는가, 악화시켰는가?

- 새로운 프로젝트나 활동을 리스트로 기록해보자. 그것을 시작했을 때, 혹은 시작하지 못했을 때 자신에게 무슨 말을 했는가?
- 자신과 친밀한 대화를 나눌 때 자신에 대한 어떤 믿음을 털어놓았는 가? 이 믿음이 부정적이었나, 아니면 긍정적이었나?
- 자신에 대해 부정적으로 느끼는 상황(시간, 장소, 배경)을 생각해보자. 그런 상황에 있을 때 자신에게 무슨 말을 했는가?
- 흔히 있는 신체증상이 있는가? 그 증상이 말해주는 것은 무엇인가?
- "○○면 좋겠어."라는 생각을 하는가? 자주 일을 미루는가? 만약 그 렇다면 당신이 벗어나려고 하는 부정적인 자기대화는 무엇인가?

이 연습은 쉽지 않다. 질문마다 시간과 생각이 필요하다. 만약 답을 비워두는 사람이 있다면 자신의 행동을 이해할 수 없었던 데비에게 내가 제안한 것처럼 한번 해보기를 바란다.

데비는 약 3kg을 감량한 후 다이어트를 그만두고 전보다 더 많이 먹기 시작했다. 자기 자신이 끔찍하다는 생각을 했지만 왜 다이어트를 그만뒀는지 몰랐다. 결국 자신이 자기학대적 성향이 있고 정말 감량을 원한 것이 아니었다고 결론을 내렸다.

나는 데비의 식사량 증가가 단지 굶주린 상황에 대한 반작용 이 아니라고 확신했다. 데비에게 눈을 감고 계획보다 더 많이 먹 기 시작한 날을 기억하게 했다.

"정말 기분이 나쁜 날이었어요."라고 데비는 말을 시작했다. "3kg을 감량한 후에 어울리는 옷을 샀어요. 흥분했죠. 그날 얼마나 살을 뺐는지 정확히 알고 싶어 저울에 올라갔는데 뜻밖에 1kg이 는거예요. 그때 나 자신에게 조롱당한 기분이었고 두 번다시 살을 빼지 않겠다고 마음먹었어요. 괜찮아 보였는데 1kg이 늘었다니! 나는 격분했고 저울을 방 밖으로 내던지고 싶은 심정이었어요. 그 대신 먹기 시작했어요."

데비는 당시의 기억을 돌이켜봄으로써 부정적인 자기대화가 있었음을 알게 되었다. 이 발견을 통해 저울에 올라선 후 줄었던 체중이 다시 늘어난 상황이 몇 번이나 있었다는 것을 알게 되었다. 이제 무엇이 문제인지 알았기 때문에 다음 단계로 넘어가는 일만 남았다.

## 2단계_ 자기대화가
## 도움이 되는지 평가하자

자기대화가 도움이 되느냐는 질문에 "아니, 도움이 되지 않아."라고 대답하면, 부정적인 내부 언어에서 벗어나는 첫발을 내딛은 것이다. 일단 문제를 해결하는 데 도움이 되지 않는 분노·우울 · 불안의 감정을 자기 자신이 불러일으키고 있음을 인정하면, 당신은 개인적인 권위와 신념으로 심판자에게 도전할 수 있다.

자신에게 "나의 자기대화가 사실인가?" "나의 자기대화가 현실적인가?"라고 묻지 마라. 이런 질문을 하면 잘못된 길로 들어가 오히려 판단의 틀에 갇히게 된다.

칼의 심판자는 칼에게 지난 십년 동안 한 일이 아무것도 없다고 경고했다. 칼은 "그건 사실이야."라고 답하면서 한층 더 우울해졌다. 내가 칼에게 말했다. "충분히 그럴 수 있어요. 심판자에게 귀를 기울이면 지금부터 십년 동안 계속 같은 말을 할 거예요. 당신의 심판자는 언제나 그런 식으로 당신이 재능과 능력을 사용하는 것을 막았어요. 질문은 'OO이 사실인가?'가 아니라 'OO이 도움이 되는가?'로 해야 해요."

자기대화가 부정적인 결과로 이어진다는 것을 깨닫는다면, 그 결과가 어떤 것인지 구체적으로 표현해보자. 이전의 자기 메시지 목록에서 일반적인 예를 골라서 이렇게 질문해보자. "나 자신에게 하는 말이 도움이 되는가?" 대답이 "아니."라면 자기대화가 감정, 행동, 자기 존중감, 대인관계, 스트레스 수준, 이 다섯 가지 기본 영역에서 어떤 영향을 미치는지 검토해보자. 여러분의 응답을 다음의 두 가지 상황과 비교해보자.

## 상황 1 _ 조종자 약화시키기

찰스는 친구인 잔의 파티에 초대를 받았다. 하지만 찰스는 다른 계획이 없는데도 가기를 주저한다. 찰스에게는 익숙한 수많은 핑곗거리가 있다. 찰스는 그것들의 영향을 생각해보기로 결심한다.

**질문** 나 자신에게 무슨 말을 하고 있지?

**대답** 내가 잔의 파티에 갈 이유가 없다고 말하고 있어. 나는 사람들을 만나지 않을 거야. 나는 말을 잘하지 못해. 그들을 지겹게 할 거야. 그럼 분위기가 지겨워지겠지.

**질문** 자신과의 대화가 도움이 돼?

**대답** 아니!

**질문** 그것이 내 감정에 어떤 영향을 미칠까?

**대답** 분명한 건 내가 정말 우울해한다는 거야. 내가 형편없다고 느낄 거야.

**질문** 나의 행동에 미치는 영향은?

**대답** 파티에 가지 않을 거고 밤새도록 여기에 혼자 앉아 있을 거야.

**질문** 나의 자기대화가 나 자신에 대한 생각에는 어떤 영향을 미치지?

**대답** 날 폄하하고 있어.

**질문** 나의 자기대화가 다른 사람과의 관계에 있어서 어떤 영향을 미칠까?

**대답** 앞으로 새로운 사람과 만나는 일에 도움이 되지 않을 거고 내 친구들은 내가 파티에 오지 않은 것에 지칠 거야.

**질문** 내 스트레스 수치는?

**대답** 나도 파티에 가서 좋은 시간을 보내고 싶은데 이런 회의적인 마음이 들 때는 갈등을 느껴. 아마 스트레스 수치는 높을 거야.


이 지점에서 찰스는 부정적인 자기대화의 다양한 비용을 명료하게 평가할 수 있다. 이런 비용에 대한 이해는 성장으로 가는데 도움을 준다.

### 상황 2 _ 자신을 압박하기

페니의 제일 친한 친구인 샤론이 심한 우울증을 앓고 있다. 페니는 샤론에게 몇 달 동안 자신과 함께 보내자고 했다. 이제 페니는 심각하게 고민하고 있다. 그의 자기대화를 살펴보자.


**질문** 내가 자신에게 하고 무슨 말을 하고 있지?

**대답** '내가 샤론을 떠맡아야 하는가?' 라고 묻고 있어. 언제나 샤론과 이야기할 수는 없어. 일을 더 악화시키면 어쩌지? 난 샤론에게 더 많은 것을 해줘야 해. 난 시간이 많은 편이 아닌데, 도와주는 것과 개입하는 것을 어떻게 구분하지?

**질문** 이런 자기대화가 도움이 될까?

**대답** 아니.

**질문** 이런 감정의 비용은?

**대답** 혼란스럽고 두려워. 나까지 우울해질 거야. 계속 나 자신을 책망할 거야.

**질문** 자기대화가 나의 행동에 어떤 영향을 미치지?

**대답** 정도를 넘고 나중에 분개해. 한계를 두지 않아. 그러고는 완전히 마음을 접어.

**질문** 나의 자기 존중감에는 어떤 영향을 미칠까?

**대답** 샤론을 돕는다는 긍정적인 느낌보다는 언짢은 느낌을 받을 거야.

**질문** 다른 사람과의 관계는?

**대답** 지나치게 신경 써주다가 손을 떼는 것은 샤론에게도 혼란스러울 거야. 나는 죄책감을 느낄 거고 샤론에게 도움이 되지 않겠지.

**질문** 내 스트레스 비용은?

**대답** 매우 높아. 여기서 멈추지 않으면 내가 우울해질 거야.

자신의 예로 이런 연습을 해보자. 당신의 자기대화는 다섯 가지 영역 중 한두 가지에 영향을 미칠지 모른다. 하지만 자신이 어떤 비용을 치를지 분명하게 알면 알수록 부정적인 자기대화를 바꾸기 위한 동기가 더 많이 생길 것이다. 이 장의 끝부분에 "나의 자기대화가 도움이 되는가?"라는 질문에 대한 완전한 답을 설명해주는 세 가지 예가 더 있다.

## 3단계_ 자기대화에 들어 있는 조종자, 방해자, 혼란자를 확인하자

어떤 조종자 · 방해자 · 혼란자가 목소리를 내고 있는지 알아내야 한다. 자기대화에 들어 있는 구체적인 조종자 · 방해자 · 혼란자를 알아낼 때, 우리는 부정적인 내부 언어를 일으키는 잠재된 신념을 알 수 있다.

동시에 우리는 자신을 긍정적인 대안으로 향하게 한다. 이것이 변화를 위한 발판을 만든다. 따라서 자기대화로 이런 결정을 내리기도 한다. "나 자신에게 하는 말은 지인들 모두에게 크리스마스 카드를 보내기 위해 열심히 노력해야 한다는 거야. 하지만 굳이 그렇게 할 필요는 없어. 올해는 그 요구를 잠시 내려놓아도 괜찮아. 지금 일한다는 사실과 어울리지 않을 뿐이야."

자기대화를 통해 이렇게 깨닫기도 한다. "난 하루 종일 게으르다고 날 자책했어요. 그러나 나도 때로는 아무것도 하지 않을 권리가 있어요. 오늘 나는 비번이에요. '서두르며' 보내지 않을 거예요."

제시카는 "나 또 시작이야. 슈퍼우먼이 되지 못해 안달하는 거."라고 말하는 자신을 발견하면 '강해져라' 조종자와 거리를 둔다. 개리는 이렇게 결심한다. "저는 화가 나면 자기주장을 잘 못해요. '까다롭게 군다.'는 목소리 때문에요. 부정적인 라벨이죠. 난 더이상 그것에 통제당하고 싶지 않아요."

자기대화의 전환은 우리가 하는 것, 느끼는 것, 그리고 믿는 것에 영향을 미친다. 부정적인 자기대화에서 자기를 지지하는 것으로 이동할 때 우리의 감정은 가벼워질 것이다.

우리는 좀더 적극적이 될 것이고 덜 부담스러워할 것이다. 자기대화를 바꾸는 것은 지금까지 살아온 삶의 전체 구조에 도전하는 교정장치를 설치하는 것이다. 자기대화의 변화가 행동의 변화로 이어질 때 외부환경은 우리의 성장을 지지해준다. 다음 상황은 조종자·방해자·혼란자가 각각 관련된 자기대화로 어떤 효과를 나타내는지 보여준다.

**상황 1 _ 조종자 약화시키기**

게일은 몇 달 동안 다이어트를 해오고 있다. 체중을 많이 감량했음에도 목표치인 61kg에는 아직 도달하지 못했다. 최근에 게일은 다이어트가 잘되지 않는다.

사실 게일은 과식을 몇 번 했다. 이 몇 번의 과식이 남편과 하와이 휴가를 갈 때까지 감량 목표를 달성하지 못할 거라는 두려움 때문이라고 생각한다. 게일은 점점 밀려오는 압박감을 내려놓기를 원해서 자기대화를 시작한다.

> **질문** 나 자신에게 무슨 말을 하고 있지?
>
> **대답** 나는 나 자신에게 이렇게 말해. '더 빨리 체중을 감량하지 못하면 하와이 여행을 갈 때 날씬해 보이지 않을 거야. 너는 멋지게 보이기로 자신과 약속했어.'
>
> **질문** 자신과 하는 대화가 도움이 되니?
>
> **대답** 아니. 이 압박은 날 불안하게 만들고 있어. 그것은 더 먹게 만들어. 내가 실패자인 것 같아. 아이들에게도 짜증을 내. 나 자신을 압박하는 것이 체중을 늘게 하고 있어.
>
> **질문** 조종자가 뭐라고 말하는데?
>
> **대답** '서둘러라' 라고 하고, 그 속에는 '완벽해라' 도 있어. 난 완벽해 보이지 않으면 하와이에 가지 않을 거야.

**질문** 자신에게 어떤 허용과 자아확인을 해줄 거지?

**대답** 천천히 해도 된다고 허락할 거야. 이 체중으로 하와이에 간다고 해도 좋아. 반바지를 입으면 괜찮아 보일 정도로는 살을 뺐어. 돌아오면 다시 살을 빼기 시작할 거야.

**질문** 새로운 허용에 넌 어떤 구체적인 행동을 할 거니?

**대답** 오늘 밤에 산책을 나갈 거야. 그리고 음식을 따져가며 구입할 거야. 다이어트에 방해가 되지 않도록 말이야. 먹는 것 외에도 나 자신을 위해 좋은 일을 할 거야. 자기징벌은 우울했어.

## 상황 2 _ 방해자 제압하기

제니는 삶이 자신을 그냥 스쳐지나가는 것 같은 느낌을 받기 시작했다. 일을 제외하면 집 밖을 거의 나가지 않고, 바라는 것이 있어도 실행으로 옮길 생각은 하지 못한다. 늘 하는 한 가지 생각은 다른 곳으로 근무지를 옮기는 것이다. 하지만 이 바람에 따라 행동하지 못한다. 제니는 자기대화를 들여다봄으로써 이유를 알아내기로 결심한다.

**질문** 자신에게 무슨 이야기를 하고 있지?

**대답** "샌프란시스코로 근무지를 옮기고 싶어."라고 말하고 있어. 또 나는 이렇게 생각하고 있어. '제발, 제니야. 반복하지 말자. 그것은 또 다른 몽상일 뿐이야. 넌 바보같이 굴고 있어. 샌프란시스코는 멀리서 보면 멋져 보이지. 하지만 일단 가보면 다시 불행해질 거야. 모두 이렇게 생각할거야. '저 여자 또 환상 속에서 살기 시작했어.'

**질문** 자기대화가 도움이 되니?

**대답** 아니. 그것은 날 계속 고립시키고 우울하게 해. 또 내가 새로운 시도를 하는 것을 막고 있어.

**질문** 어떤 조종자, 방해자, 혼란자가 개입하고 있니?

**대답** 난 내 생각을 '몽상'이라고 부르고, 나 자신에게 '어리석다'는 꼬리표를 붙이고, 효과가 없으면 내가 '틀렸다'고 하면서 날 막고 있어. 또한 나는 다른 사람들이 날 못마땅해할 것이고 날 좋아하지 않을 거라고 생각해.

**질문** 자신에게 어떤 허용과 자아확인을 해줄 거니?

**대답** 환상과 꿈을 갖는 것도 괜찮다고 말할 거야. 또한 샌프란시스코가 내가 원하던 곳이 아니라고 해도 내가 틀렸다는 말은 아니야. 행동의 기반으로 삼을 새로운 어떤 것을 배우겠지. 난 꿈꾸는 것을 좋아하는 사람일 뿐만 아니라 분별력도 있어. 친구들에게 나의 몽상가적인 부분을 알게 해주는 것도 괜찮아.

**질문** 내 문제를 해결하기 위해 취할 구체적인 행동은?

**대답** 인적 자원부와 전근에 대해 이야기하기 위해 약속을 잡을
거야. 그리고 나서 다음 단계를 결정할 거야.


### 상황 3 _ 혼란자와 대적하기

크레이그는 다니던 회사에서 정리해고를 당했다. 그후 다른 회
사에 이력서를 넣었는데 이번 주에 거절 통보를 받았다. 크레이
그는 불안하고 우울하고, 다른 회사에 지원서를 보내는 일을 미
루고 있다. 이 상황을 해결하기 위해 자기대화를 시작한다.


**질문** 자신에게 무슨 말을 하고 있지?

**대답** 내 분야에서 다른 일자리를 구하지 못할 거라고 말하고 있어.

**질문** 자기대화가 도움이 되니?

**대답** 아니. 거절이 너무 두려워. 다른 일자리를 알아보고 싶은
마음조차 들지 않아. 남아도는 시간에 언짢은 기분으로 우
두커니 앉아 있을 뿐이야.

**질문** 어떤 조종자, 방해자, 혼란자가 개입하니?

**대답** 난 앞으로 일어날 일에 대해 부정적인 결론을 끌어내고 있
어. 내게 "다른 일자리를 찾지 못할 거야."라고 말하는 것
은 내 혼란자야. 난 부정적인 추론을 했어. 사실은 원하는

일자리를 구하지 못했을 뿐이지, 이게 어떤 일자리도 구하지 못한다는 말은 아니야.

**질문** 어떤 허용과 자아확인을 해줄 거니?

**대답** 나는 자격이 있고 일을 잘해. 내게는 많은 회사에서 유용하게 사용할 수 있는 특별한 기술이 있어. 내가 일자리를 구할 거라고 추정하는 것도 괜찮아. 적어도 더 나은 시도를 해볼 때까지는 말이야.

**질문** 목표를 달성하기 위해 내가 해야 하는 실천사항은 뭐지?

**대답** 내 책상 위에는 여러 회사에 보내려고 작성해놓은 이력서가 쌓여 있어. 만약 희망이 없다는 추정만 멈춘다면 그것을 보내고 싶은 마음이 더 들 거야. 적어도 하루에 한 통씩 보내는 것을 목표로 삼는 거지. 별로 대단해 보이지는 않지만 이번 주에 이력서 일곱 통을 보내는 것이 지난 주에 한 통도 보내지 않은 것보다는 훨씬 나을 거야.


**더 인정받지 않아도 괜찮아!**
**더 완벽해지지 않아도 괜찮아!**
## 더 강해지지 않아도 괜찮아!

Chapter 6

# 자신을 지지하는
# 언어를 습득하자

4단계 _ 허용과 자아확인으로 자신을 지지하자 • 조종자, 방해자, 혼란자의 반대편에 있는 허용 • 자아에 대한 긍정의 선언인 자아확인 • 자기지지의 완충장치 만들기

## 4단계_허용과 자아확인으로
## 자신을 지지하자

자기지지의 자기대화는 프랑스어, 이탈리아어, 그리고 일본어 같은 외국어처럼 새로 습득해야 하는 언어다. 유창하게 하기까지는 어느 정도 시간이 걸리고 연습을 해야 한다. 이제부터 소개하는 마지막 두 단계(4단계와 5단계)는 여러분을 내면의 다른 나라로 데려다줄 것이다. 이 새로운 관계는 '허용과 자아확인을 통해 자신을 지지하기'라는 4단계 지침으로 시작된다.

비판적인 자기대화를 성장을 향한 새로운 언어로 바꾼 엘리자베스의 말에 귀를 기울여보자(역주 _ 저자의 그룹 심리상담에서 나온 케이스로, 파멜라는 이 책의 저자임).

**엘리자베스** 나는 최근에 시 의회에 입후보했고 3천여 표 차이로 떨어졌어요. 만약 위원회의 지지를 얻었다면 이길 수 있었을 거라는 생각으로 자학하고 있어요. 적어도 그 지지를 얻으려고 노력해야 했어요.

**파멜라** 엘라자베스, 선거에서 진 것에 대해 자신에게 무슨 말을 하는지 좀더 솔직하게 말해주겠어요? 내면의 테이프를 바꾸는 것과 관련된 다섯 단계를 모두 거쳐보세요.

**엘리자베스** 내 부정적인 대화의 출발은 이래요. '엘리자베스, 넌 위원회에 지지를 요청했어야 했어. 만약에 네가 노력을 했더라면 다른 후보자가 위원회의 지지를 받지 못했을 거야. 그렇게 하지 않다니 정말 바보야. 다른 후보자는 위원회에 지지를 요청했고 너는 하지 않았기 때문에 위원회는 그쪽 손을 들어준 것뿐이야.'

**파멜라** 부정은 그만하면 됐어요. 당신은 자기징벌을 분명히 인지하고 있어요. 이제 2단계로 넘어가봐요.

**엘리자베스** 예. 난 자신에게 이렇게 말해요. '한발 뒤로 물러설 필요가 있어. 나 자신에게 하는 말이 도움이 되니?' 아니요. 도움이 되지 않아요. 다 끝났다고 생각하니 오히려 우울해요. 이제 내가 할 수 있는 것이 아무것도 없으니까요. 3단계(조종자·방해자·혼란자의 실체를 확인)로 넘어갈게요. 난 다시 '완벽해'지려고 애쓰고 있는 것 같아요. (여기서 엘리자베스의 어조와 속도가 갑자기 바뀌었다. 엘리자베스는 빠르게 말을 이었다.) 아무튼 내가 제대로 했는지 아닌지 여전히 의문인 부분도 있어요. 실제로 위원회는 나를 초청해서 연설할 기회를 주어야 했어요. 양쪽 후보자의 관점을 모두 들어볼 수 있도록 말이죠. 그들은 한쪽으로 치우치지 말아야 했어요. 아마 상대방은 그들의 지지를 얻기 위해 뭔가를 약속했을지도 모르죠.

**그룹** (웃음)

**엘리자베스** 게다가 나는 매주 세 번씩이나 연설을 했어요. 그리고 3천 개의 문을 두드렸어요.

**파멜라** 여러분 중에 엘리자베스에게 피드백을 해주고 싶은 사람이 있나요? 여러분이 엘리자베스에게서 들었던 것이 자기 지지였을까요?


그룹의 사람들은 일반적으로 엘리자베스가 1, 2, 3단계(인식하기, 내부 언어의 유해성 결정, 개입 조종자 알아차리기)를 효과적으로 통과했다고 생각했다. 하지만 엘리자베스는 자기대화를 자신에 대한 진정한 지지로 발전시키고 표현하지 못했고 자신을 비난하고 정당화시켰다. 엘리자베스는 자신을 불러서 말할 기회를 주지 않았다고 위원회를 비난했고, 그들에게 호소하지 못한 것을 정당화했다.

엘리자베스의 말로 판단하면, 엘리자베스는 심판자에게서 아직 완전히 벗어나지 못했다. 자신에 대한 비난(넌 지지를 요청했어야 했어)을 공동체 조직에 대한 비난(그들은 나를 불러 연설할 기회를 주어야 했어요)으로 바꿀 때, 엘리자베스는 여전히 '옳고, 그름'의 틀에 붙들려 있었다. 차이가 있다면 잘못의 주체가 자신에서 조직으로 바뀐 것뿐이다.

비난의 초점이 이동하면서 엘리자베스의 감정 역시 바뀌었다. 엘리자베스는 더이상 우울해하지 않고 분노했다. 정확히 엘리자베스의 정서가 전환되는 지점에서 구성원들의 웃음이 터져나왔다. 분노가 우울보다 나은 감정일지 모르지만, 비난의 대상이 이동한다고 해서 엘리자베스가 이 상황에서 벗어나거나 부정적인 감정을 내려놓는 일은 일어나지 않는다.

엘리자베스가 한 말 중 "게다가 나는 매주 세 번씩이나 연설을 했어요. 그리고 3천 개의 문을 두드렸어요."는 자기지지의 가면을 쓴 정당화의 한 예다. 정당화와 자기지지를 구분하는 것은 어렵다. 하지만 이 둘 사이에는 매우 중요한 차이가 있다. 정당화는 비판적인 믿음을 버리지 않고 부정적인 자기대화를 해명한다. 반면에 자기지지는 비판적인 믿음도 버리고 부정적인 자기대화도 버린다.

엘리자베스가 "게다가 나는 매주 세 번씩이나 연설을 했어요. 그리고 3천 개의 문을 두드렸어요."라고 언급했을 때의 음성은 더이상 자신을 지지하지 않는다는 신호였다. 심지어 말 첫머리에 '게다가'는 핑계가 있음을 암시한다. 엘리자베스는 자신의 메시지를 분명히 했다. "내가 그렇게 말했을 때 나는 내가 한 일을 정당화시킴으로써 내가 완벽하다는 믿음을 버리고 싶지 않았어요. 난 그것을 포기하고 싶지 않았어요."

주위의 피드백과 자신에 대해 한층 높아진 인식을 바탕으로 엘리자베스는 다시 말을 시작했다. 이번에는 좀더 단호한 목소리로 말했다. "내가 선거에 나온 것은 칭찬받을 만한 일이야. 모든 것을 완벽하게 했건 못했건 상관없이 말이야. 나는 9천 표를 얻었어. 효과적인 선거 위원회도 만들었지. 나 자신을 자랑스럽게 여겨도 괜찮아."

엘리자베스가 한 마지막 말은 진정한 자기지지의 예다. 완벽함을 요구하는 강요된 자아의 표준 밖으로 발을 내딛음으로써 엘리자베스는 자신을 긍정했다. 또한 자신의 성장을 인정했다. 이 말에는 감춰진 동기 없이 허용과 자아확인, 이 두 가지가 다 들어 있었다.

## 조종자, 방해자, 혼란자의
## 반대편에 있는 허용

웹스터 사전에 '허용'이란 단어는 '기회를 주는 것'이라고 정의되어 있다. 자신을 허용하는 것은 어떤 경우에도 자기징벌 없이 실수하고, 감정을 느끼고, 인간적인 경험을 할 자유를 자신에게 주는 것이다. 역설적이게도 이러한 유연한 허락은 우리를 제일 효율적이게 한다.

허용은 안도감과 부담감의 경감으로 다가온다. 이것은 부정적인 자기대화로 심한 압박을 받는 사람에게 매우 중요하다.

예를 들어 리차드는 누구나 꿈꾸는 멋진 작업실을 가지고 있다. 하지만 그는 세 달이 지날 때까지 소설을 한 페이지도 쓰지 못했다. 책상에 앉는다는 생각만으로 속이 뒤틀리는 것을 느꼈고, 결국 술을 마셔야 했다. 나는 리차드에게 표준이완(릴렉세이션) 절차를 거치게 한 후에 글을 쓰고 있는 자신의 모습을 상상하게 했고, 글 쓰는 행위를 아이디어를 메모하는 것 정도로 여기고 완벽하게 할 필요가 없음을 상기시켰다.

게다가 절대 서두르지 말 것을 당부했다. 원고를 수정할 시간은 이후에도 충분하니 일단 종이 위에 자신의 아이디어를 적기만 하면 된다고 했다. 10여 분 정도 글을 쓰고 나면 뜨거운 욕조에 앉아 있거나 커피를 마시거나 잡지를 읽는 즐거운 활동을 하는 모습을 떠올리게 했다.

리차드는 내 주문대로 긴장을 줄이고 시각화할 수 있었다. 나중에 리차드는 이렇게 말했다. "선생님이 하라는 대로 하니 글을 쓰는 것이 부드러운 공간에 들어가는 것 같아요. 그렇게 하면 끝없이 글을 쓸 수 있을 것 같아요." 조종자가 있던 자리를 허용으로 채우자 부드러운 공간이 만들어졌다. 그속에서 리차드는 '서둘러라, 완벽해라.' 대신 '천천히 해도 괜찮아. 실수를 해도 괜찮아.'로 자신을 허용했다.

나는 자기지지를 리차드가 말한 '부드러운 공간' 같은 개념으로 자주 생각하곤 했다. 그것은 쿠션 역할을 해주는 베개나 외부 공격을 흡수하고 완화시키는 보호완충장치를 떠오르게 했다.

심리학자 니콜라스 커밍스(Nicholas Cummings)가 쓴 중독에 대한 기사에도 비슷한 비유가 있다. 커밍스는 약물중독자나 알코올중독자를 '다락과 지하실만 있는 미완성인 집'에 비유했다. 중독자는 장애물에 직면하면 다락에서 지하로 곧장 추락해 '재빨리 술병, 약, 바늘'로 달려간다. 그래서 우리가 그들에게 제일 먼저 가르쳐야 하는 것이 바닥층을 만드는 것이다. 왜냐하면 인간은 다락의 기고만장함 속에서도, 지하의 암울 속에서도 살 수 없기 때문이다. 이 바닥층이 바로 '허용과 자아확인'이다.

조종자 · 방해자 · 혼란자의 반대편에 있는 기본적인 허용을 잠시 살펴보자. 요컨대 허용은 이런 것이다.

- 인간적인 것도 괜찮다. 실수하는 것도 괜찮다.
- 자신의 속도에 따르고 천천히 하는 것도 괜찮다.
- 자신의 감정에 귀를 기울이고 존중하고 그것에 따라 행동하는 것도 괜찮다.
- 자신이 하고 싶은 대로 하는 것도 괜찮다.
- 자신을 지지하는 것도, 자신을 성공하게 하는 것도 괜찮다.
- "No!"라고 말하는 것도 괜찮다.

모든 허용의 핵심은 내재된 자아를 존중하고 신뢰하는 것이다. 자아에 대한 그런 신뢰는 우리가 배워온 것과 다르기 때문에 '이기적인' '착하지 않은' 존재가 된다는 두려움이 생길지도 모른다. 게다가 그것은 타인의 감정이 우리의 감정보다 훨씬 더 중요하다는 보편적인 개념을 뒤집는다.

내가 샤론에게 그런 말을 했을 때 샤론은 강하게 반발했다. "하지만 나는 내 감정에 따를 수 없어요. 그것은 언제나 날 곤경에 처하게 하니까요." 내가 물었다. "분명한가요? 당신이 후회하는 것은 자신의 감정을 무시한 결정을 했기 때문이 아닌가요?"

샤론은 잠시 생각한 후에 동의했다. "맞아요. 난 결혼하고 싶지 않은 남자와 결혼했고 5년 동안 결혼생활을 유지했어요. 내 감정이 두려웠어요. 결혼식을 올리기 한 달 전에 그만두고 싶었지만 어머니를 실망시키고 싶지 않았어요."

새로운 지지 포지션으로 이동하기 시작할 때조차도 우리는 여전히 한 발은 오래된 판단의 틀에 담그고 있다. 그룹 훈련중에 자기지지를 향해 한 발씩 내딛기 시작한 미치의 말을 들어보자.

"난 스쿠버다이빙을 배우고 싶었어요. 오랫동안 원하던 것이지만 안 된다고 자신에게 말했어요. 일단 비용이 너무 많이 들고, 위험하고, 생산적이지 않았죠. 또 아는 사람 중에 스쿠버다이빙을 하는 사람이 없어요. 새로운 것을 시작하기에 나이도 너무 많고, 모든 사람들이 내가 미쳤다고 생각할 거예요."

미치의 과제는 부정적인 자기 메시지를 긍정적이고 지지하는 메시지로 대체하는 것이었다. 미치는 자기대화의 4단계(허용과 자아확인)를 이렇게 시작했다. "스쿠버다이빙을 배우는 것이 생산적이지 않을지 모르지만 책상에서 벗어나 긴장을 풀 수 있기 때문에 실제로 많은 아이디어를 떠오르게 할 수도 있어. 그것이 나만을 위한 것처럼 보인다고 해도 내가 그것 때문에 우울해하지 않으면 내 가족에게 더 잘해주게 될 거야. 어쩌면 내 나이가 그렇게 많은 것도 아닐지 몰라. 스쿠버다이빙을 하기에 딱 좋은 나이일지도 몰라."

그룹 피드백 중에 몇몇 사람들이 미치를 칭찬했다. 누군가가 이렇게 말했다. "자신이 작성한 부정적인 목록에서 방향을 돌려 각각의 긍정적인 면을 보고 있어요." 또 다른 사람은 이렇게 말했다. "훨씬 더 좋아 보여요."

모두 미치에게 긍정적인 피드백을 보내고 있을 때 앨리슨은 상반된 의견을 내놓았다. "나한테는 당신이 스쿠버다이빙을 하려면 생산적이 되어야 한다고 말하는 것 같아요. 다시 말해 스쿠버다이빙이 일에 유익한 영향을 미치고 가족과의 관계를 향상시켜주지 않는다면 정당화될 수 없다는 거죠. 당신은 여전히 '다른 사람을 만족시켜라'와 '완벽해라'의 영향을 받고 있는 것 같아요. 그냥 재미로 하면 안 되나요?"

어떤 의미에서 미치는 엘리자베스가 걸렸던 것과 같은 덫에 걸렸다. 미치는 여전히 조종자의 눈치를 보고 있었기 때문에 진정한 허용, 즉 '내가 하고 싶은 대로 해도 괜찮아.'를 주장하지 못했다.

미치는 진정한 허용을 바탕으로 자기대화를 할 수 있게 되자 이렇게 말했다. "내 내면에 귀를 기울이고 나를 돌보는 것은 중요해. 내가 스쿠버다이빙을 즐길 거라는 생각만으로도 충분히 해볼 만한 이유가 돼. 그것이 가져다주는 즐거움 그 자체만을 위한다고 해도 괜찮아. 내가 좀더 생산적이 되느냐, 더 나은 남편이나 아버지가 되느냐 하는 것은 전혀 별개의 문제야. 나 자신만을 위해서 하는 것도 괜찮아."

특히 어렵기 때문에 특별히 고려해볼 만한 가치가 있는 세 가지 허용이 있다. 첫째, 필요에 대한 허용이다. 둘째, 한계를 수용하는 것에 대한 허용이다. 마지막으로 좋은 기분에 대한 허용이다.

### 필요에 대한 허용

성은 커밍아웃을 할 수 있어도 '필요한 것'은 그렇지 않다. 우리 사회에는 다른 사람을 필요로 하는 것을 좋게 받아들이지 않는 강한 금기가 있다. 흔히 "네가 잘하는 것을 해."라는 메시지에는 다른 사람을 필요로 하지 않고 혼자서 할 수 있는 것을 하라는 추정이 들어 있다.

하지만 필요한 것이 없는 생명체는 없다. 무생물과 생물이 다른 점이 바로 '필요'다. 식물은 햇빛이 필요하다. 사람은 타인이 필요하다. '필요하다'는 말에는 타인에게 손을 내밀어 충족시킬 수 있는 길을 우리 자신이 막고 있다는 암시가 들어 있다.

한 그룹에서 나는 구성원들에게 '필요한 것'에 대해 처음 수치심을 느꼈을 때가 언제인지 물었다. 제인이 대답했다. "굶어 죽는 아르마니아인들이죠. 아이였을 때 미안한 것을 모르고 아무 때나 요구했어요. 적어도 테이블 위에 먹을 것이 있었고, 두 다리가 있고, 두 눈이 있죠. 감사를 몰랐어요. 내가 궁한 상태에 있다는 것은 나에게 큰 장애물이 있는 거예요."

스탠이 말했다. "도움을 청하지 말라고 배웠어요. 나는 모든 것을 직접 해결했어요. 내 관심은 언제나 어머니를 행복하게 해주는 것이었어요. 지배적인 어머니 밑에서 자랐고 지배적인 아내와 결혼했어요. 나는 필요하다는 개념을 몰라요. 안도감을 빼면 말이죠."

엘리사는 이렇게 덧붙였다. "내가 뭔가를 얻으면 다른 사람들이 질투해요. 그들은 나를 좋아하지 않을 거예요. 내 가족은 거리낌 없는 관계라고 하기에는 많이 부족해요. 애정도 관심도 사랑도 없어요. 내가 뭔가를 얻으면 내 여동생이 짜증을 내요."

궁한 것이 수치스럽다는 생각은 해결을 향한 긍정적인 움직임을 가로막는다. 수업을 듣고, 지지 그룹에 가입하고, 애완동물을 구입하는 것은 외로움이 만들어내는 공허함의 전부 혹은 일부를 채워줄 수 있다. 그다음에 사람들은 충족감을 얻기 위해 친밀한 인간관계를 찾아 접근할 필요를 느낀다.

언젠가 친한 친구가 붉은 모자 이야기를 해준 적이 있다. 나는 '필요'라는 문제로 힘들어하는 내담자들에게 그 이야기를 해줬다.

옛날에 한 여자가 붉은 모자를 갖고 싶었어요. 그래서 그녀는 가게로 갔고 판매원에게 붉은 모자를 보여달라고 했어요. 판매원은 대답했죠. "죄송합니다만 저희 가게에서는 붉은 모자를 팔지 않습니다." 그녀는 즉시 다른 가게로 가지 않고 자기대화를 시작했어요. "좀 기다리면 붉은 모자를 가져다놓을 거야." 그녀는 가게가 문을 닫을 때까지 기다리고 또 기다렸죠. 심지어 다음날 다시 오기로 결정했어요. 그리고 그다음 날도.

시간이 흐르면서 그녀는 이런 결론을 내렸어요. 판매원이 자신에게 붉은 모자를 팔 정도로 자신이 매력적이지 않다고 말이죠. 그녀는 살을 빼고 머리를 잘랐어요. 그래도 그 가게는 붉은 모자를 들여놓지 않았어요.

이 시점에 그녀는 매우 슬퍼서 울기 시작했어요. 그리고 자신이 충분히 슬퍼하는 모습을 보여주면 누군가가 붉은 모자를 구해다줄지 모른다고 생각했어요. 그녀는 다른 사람들이 붉은 모자를 쓰고 지나다니는 것을 보았지만, 자신이 그만한 가치가 있도록, 충분히 멋지게 보이도록 더 노력해야 한다고 생각했어요. 아무튼 그녀는 매우 명료한 "우리 가게는 붉은 모자를 팔지 않아요!"라는 말을 절대 믿으려고 하지 않았어요.

이 이야기는 당시 내게 많은 영향을 미쳤다. 나는 어떤 남자와 데이트를 하고 있었다. 그 남자는 여자가 자신을 사랑하게 되는 순간, 자신은 그 여자를 사랑하지 않게 된다고 말하는 사람이었다. 다른 말로 하면 그는 연인이 될 수 없는 사람이었다. 그는 붉은 모자를 파는 가게가 아니었다.

나는 이 이야기를 조금 변형시켰다. 하나는 여자가 점원에게 자신이 무엇을 찾고 있는지 말하지 않는 것이다. 그녀는 그곳이 붉은 모자를 파는 곳인지 아닌지 묻지 않는다. 이것은 누군가가 그녀 앞에서 공공연히 "나는 결혼을 원치 않아요." "나는 당신을 사랑하지 않아요."라고 말하는 것과 같다. 착각에 빠진 그녀의 자기대화는 '내가 충분히 괜찮아지면 당신은 변할 거야.' 라는 희망으로 박탈당한 상황에 계속 매달린다. 마음속의 어린아이가 열심히 노력하고 또 노력하면서 부모의 사랑을 얻으려고 애쓰는 것이다. 도저히 관계가 이루어질 수 없는 구조다.

## 한계를 수용하는 허용

주위에 중요한 사람들이 말하는 "그냥 한번 해봐!", 스승과 전문가가 말하는 "넌 그걸 모두 가질 수 있어."는 수치스러운 제한을 둔다. '모든 것이 가능하기' 때문에 어떤 결점을 노출하는 것은 자아를 부정하는 것이다. 하지만 한계는 삶의 어쩔 수 없는 사실이다.

존 브래드쇼(John Bradshow)의 『Healing the Shame That Binds You(너를 묶고 있는 부끄러움을 치료하며)』라는 저서에 이런 글이 있다. "우리 인간은 본질적으로 한계가 있다. 건강한 부끄러움은 인간에게 기본적인 형이상학적 경계선이다. 그것은 우리가 신이 아니라고 알려주는 정서적인 에너지다. 우리는 도움 또한 필요하다. 건강한 부끄러움은 우리가 인간적인 존재가 되는 것을 허용한다."

병에 걸리면 한계를 주장하는 것이 허용된다. 신체적인 질병은 심판자의 요구를 자동적으로 '타임 아웃' 시킨다. 시몬톤 그룹 암 연구에서는 『Getting Well Again(다시 건강을 회복하며)』의 저자들이 암 환자들에게 암에 걸린 것의 긍정적인 면을 기록하게 했다. 환자들은 다음 다섯 가지 이점을 거리낌 없이 인정했다.

첫째, 힘든 상황에 대처하거나 문제를 해결하는 것을 면제받는다. 둘째, 다른 사람들의 관심과 보살핌, 배려를 받는다. 셋째, 심리학적으로 재정비해 문제에 대처하고 새로운 관점을 발견할 기회를 갖는다. 넷째, 개인적 성장을 위한, 혹은 바라지 않는 습관을 교정하기 위한 동기(자극)를 발견한다. 다섯째, 다른 사람들의 높은 기대를 충족시켜주지 않아도 된다.

이것은 '한계를 수용하는 허용'과 관련한 이득이 얼마나 많은지를 보여준다.

## 좋은 기분에 대한 허용

나는 첫 번째 책 『Self-Assertion for Women(여성을 위한 자기주장)』을 쓸 때 점점 의기양양해짐과 흥분을 느꼈던 부분이 기억난다. 나는 즉시 일어나서 아래층으로 내려가 차 한 잔을 마셨다. 마치 그런 좋은 기분을 허락하지 않으려는 것처럼 말이다.

좋은 기분을 느끼는 것을 기본적으로 거북하게 느끼는 사람들이 많다. 친구들에게 상처를 입히고 그들이 나를 적대시하는 것이 두려워 자신의 성공을 말하지 못하는가? 자신이 가진 것과 성취한 것을 인정하면 즉시 사라질 거라고 믿기 때문에 즐기기를 거부하는가?

조지는 상실감을 맛보는 것을 두려워했다. 자신이 뭔가를 가지지 않으면 잃는 고통도 없을 거라고 생각했다. 물론 이 생각은 거짓이다. 조지는 즐거움만 빼앗길 뿐 여전히 슬픔 속에 있다.

나는 사람들이 행복과 점점 멀어지는 자기대화의 올가미에 걸린 것을 자주 본다. 그것은 두려움의 올가미, 우울의 올가미, 후회의 올가미다.

사라는 "나는 내 딸이 어렸을 때 매우 심하게 다루었어요."라고 말하며 후회의 올가미에 걸린 이야기를 시작한다. 3시간 후에도 여전히 그 올가미 주변을 맴돌며 불안해하고 우울해한다. 과거는 바꿀 수 없기 때문에 사라에게 아무런 도움도 되지 않는다. 가장 바람직한 것은 현재의 생각을 이렇게 바꾸는 것이다. "지금 내 딸을 대하는 내 행동을 어떻게 고칠 수 있을까?"

많은 철학자들이 현재를 존중하고, 이것을 행복의 필수적인 열쇠라고 강조했다. 나는 매우 행복했던 시간을 기억한다. 말을 타고 있을 때였다. 말은 풀을 뜯고 있었고, 나는 말의 목에 머리를 기대고 있었다. 말의 코 주변에 있는 많은 야생화들을 보고 있었고, 햇빛이 비치고 있었다. 내 심판자는 잠들어 있었고, 나는 자유를 느꼈다.

## 자아에 대한 긍정의 선언인
## 자아확인

자아확인(자기긍정)은 자아에 대한 긍정의 선언이다. 그것의 초점은 성장에 맞춰져 있다. 자아확인은 내재된 자아에 연결되어 있기 때문에 타인의 시선으로 보면 이해되지 않을 때도 있다.

'서둘러라, 열심히 노력해라' 조종자의 압력을 받는 여성이 권위 있고 성과급이 있는 프로젝트를 수락하지 않고 자기 시간을 더 많이 가지는 것을 택함으로써 자아확인을 할지 모른다. 당연히 그녀의 친구들은 놀랄 수밖에 없다. '강해져라' 조종자의 압력을 받는 남자는 지난날 '남자답게 받아들여라.' 라는 숨 막히는 메시지와 정반대로 울 수 있게 된 것을 큰 성장으로 여길지도 모른다. 자아확인을 한다는 것은 자기 내부의 중심을 들여다보고 자신을 언제, 그리고 어떻게 지지할지 결정하는 것을 뜻하기 때문이다.

제이미는 자아확인을 두 번 시도했다. 첫 번째는 제이미가 다섯 단계의 마지막 단계를 완료했을 때 자신의 부정적인 감정이 증발해버리는 것을 경험한 것이다. 두 번째는 생각만큼 잘되지 않아 우울을 없앨 수 없었다. 직장 동료에게 적극적으로 자기주장을 할 수 없었던 것이다. 제이미는 방법이 효과가 없자 한층 더 우울해졌다.

제이미는 다섯 단계에서 각각의 질문에 대해 답했고, 나는 그 답변을 매우 조심스럽게 검토했다. 앞부분에는 별 이상이 없었지만 4단계(자아확인과 허용)에 왔을 때 눈에 띄는 것이 있었다. 제이미는 좀더 적극적이 되는 데 필요한 시간을 자신에게 허락하며, 느린 것도 괜찮다고 자신에게 말했다. 그리고 작은 단계라도 도달하면 자신의 공을 인정하려고 노력할 거라고 했다.

이 부분에서 제이미의 판단 관점이 드러났는데 바로 '긴 시간, 느린, 작은' 이라는 표현이었다. 제이미는 이렇게 말했다. "난 내 보호자로서 내 머리를 쓰다듬고 이렇게 말해요. '한 발 뒤로 물러나도 괜찮아.' 하지만 나는 자신을 판단하는 일에 너무 익숙해서 나를 지지하려고 노력하고 있을 때조차 옛날 습관이 기어나와요."

제이미는 여전히 자신을 판단하고 있었고, 적극적이 되어야 하는 문제를 해결하는 데 시간이 얼마나 걸려야 하는지 미리 정해놓았다. 오직 자신에게 부족한 것이 얼마나 많은지에만 초점을 맞췄다. 대부분 사람들의 판단기준이 대부분 그렇듯이 제이미의 판단기준도 현실성이 부족했다. 게다가 여전히 자신을 판단의 관점으로 보고 있었기 때문에 자신이 어디까지 왔는지 인지하지 못했다. 제이미는 자기주장을 통해 연인관계에서 생긴 많은 문제를 풀었다는 사실을 인정하지 않았다.

제이미의 허용과 자아확인에는 여전히 미묘한 판단의 색조가 가미되어 있었고, 결국 그것은 부정적인 진술의 효과를 중화시키지 못했다. 제이미는 모든 것을 깨닫게 되자 다시 한 번 자기지지를 시도했다.

제이미가 적극적으로 바뀐 부분에 대해 자신을 인정하려고 새롭게 노력하는 것처럼, 자아확인에서는 행동(doing)에 대해 자신을 긍정하는 것도 매우 중요하다. 하지만 단지 현재 상태(being) 그 자체를 흔쾌히 인정하는 것 역시 필수적이다. 심리학자들이 '무조건적인 긍정적 존중(unconditional positive regard)'이라고 부르는 것이 바로 내재된 자아를 기본적으로 확인(긍정)하는 것을 말한다.

간단히 말해 이것은 우리가 다른 사람들을 위해 일하든 하지 않든, 일을 할 때 완벽하든 부족하든, 누군가에게 사랑을 받든 받지 못하든 상관없이 가치 있는 존재라는 것이다. 우리 자아의 가치는 원래의 독특한 개성적 존재, 과거에 가르침을 받지 못했을지도 모르고 인정받지 못했을지도 모르지만, 과거에도 괜찮고 지금도 괜찮은 어떤 존재를 바탕으로 한다.

우리는 우리 내면에 여전히 머물고 있는 어린아이에게 직접 이야기해 자신에 대한 사랑과 동정을, 지지와 보호를 보여줄 수 있다. 자신의 내면에 있는 다섯 살짜리 여자아이에게 다음과 같이 말했을 때 에이미는 완전히 변했다.

"너는 어머니의 마음에 들든 들지 않든 아름답고 사랑스러운 아이란다. 사람들이 너를 좋아하게 만들려고 그렇게 계속 애쓸 필요는 없어. 나는 네가 견디기 힘든 일을 참는 것을 더이상 허락하지 않을 거야." 여기서 자신을 향한 에이미의 표현은 진정한 자아확인이었다.

자, 이제 새롭고 외국어 같은 언어로 자신을 지지하는 작업을 시작해보자. 이 작업에 다음의 가이드라인이 유용할 것이다.

- **당위성을 요구하지 말자** 크기나 무게를 판단하지 않고 자신이 단계를 밟아 올라온 것에 대해 자신을 인정하자. 자기를 인정하기 위해 크게 넘어서길 요구하지 말자. 변화에는 급격한 커브가 따른다. 처음의 작은 단계들이 이후에 있는 큰 단계들보다 열 배 더 어려울 수 있다.

- **구체적이어야 한다** 만약 한 프로젝트에 두 시간을 보낸다면 두 시간에 대해 자기를 인정하자. 이렇게 말하지 말자. "나는 글쓰는 데 시간을 좀 보냈다."

- **성취 외적인 것에 초점을 맞추자** 자신의 노력과 향상에 감정을 표현하고 경험하는 것을 허용하자. 그리고 그런 자신을 칭찬하자. 비록 아직 변화를 일으키지 못했다고 해도 부정적인 과정을 인지하게 된 것만으로도 괜찮다고 자기를 인정하자.

- **비율로 생각하는 것을 배우자** 만약 부정적인 대화를 10% 줄인다면, 아직 부정적인 것이 90%가 남아 있다 할지라도 한 걸음 전진한 것이다.

- **자신에게 용기를 북돋우자** 성취, 향상, 변화와 상관없이 바로 지금 당신의 모습 그 자체만으로도 가치 있고 사랑스러운 존재임을 상기시키자.

이어지는 비교는 자아확인이 성장의 틀에서 어떻게 효력을 나

타내는지 설명한다. 판단 포지션에서는 자아확인이 설 자리가
없음을 명심하자.

**상황 1 _ 충돌에 대처하기**

수잔은 승진을 받아들일지 말지 남편인 짐과 언쟁을 벌이며 지
난 한 주를 보냈다. 수잔이 승진하게 되면 한 달에 여러 번 출장
을 가야 하기 때문이다. 그런데 짐은 수잔이 그렇게 자주 집을
비우는 것을 원치 않는다. 수잔은 한 주 동안 있었던 일을 기술
하며 이렇게 말한다.

> **판단평가** 짐과 나는 평행선이에요. 내 친구 남편들 중에 그렇게
> 고지식하고 엄격한 사람은 없어요. 물론 내 친구들 역시 나
> 처럼 겁 많고 우유부단하지 않아요. 우리 결혼생활은 좋지
> 않은 것 같아요.
>
> **성장평가** 지난 주는 힘들었어요. 하지만 짐과 나는 서로의 감정
> 에 대해 훨씬 더 분명히 알게 되었다고 생각해요. 얼마 전이
> 라면 짐이 조금만 언짢아하는 기색을 보여도 굽혔을 거예
> 요. 물론 그의 말에도 귀를 기울이겠지만, 이번에는 내 입장
> 을 고수하겠어요.

## 상황 2 _ 새로운 위험을 감수하기

조이는 새로운 계정에 대한 지식이 필요한 프로젝트를 떠맡았다. 이 일을 완료하려면 사무실에 있는 다른 사람들에게 구체적인 정보를 요청해야 한다. 자신의 독립성에 대한 자부심이 강해 이것이 낯설고 내키지 않는다. 조이는 자신의 문제를 기술하면서 이렇게 말한다.

> **판단평가** 큰코 다친 거야. 진작 터득했어야지. 네 앞에 있는 남자는 바보가 아니야. 네 동료들은 아마 네가 관리에 서툴다고 생각할걸.
>
> **성장평가** 물어보는 것은 어려운 일이지만 긍정적인 면도 있어, 몇 년 전이었으면 도움을 요청하는 것은 생각하지도 못했을 거야. 그래서 많은 실수를 하고 시행착오를 거쳤을 거야. 마침내 이제서야 '강해져라' 조종자에게서 벗어난 거야.

## 상황 3 _ 초보자 되기

엘리너는 직장에서 발표를 할 때마다 너무 긴장하고 제대로 말을 하지 못했다. 그래서 발표에 대한 두려움을 떨쳐버리기 위해 대중연설 강좌를 듣고 있다. 엘리너는 강좌에서 연설을 한 후 이렇게 말한다.

**판단평가** 넌 정말 못했어. 네 번이나 말을 더듬었고, 기록한 내용을 떨어뜨렸어. 또 제스처를 한 번도 쓰지 않았지. 다른 사람들이 훨씬 더 잘했어. 주제가 너무 기술적이어서 듣는 사람들은 절반도 이해하지 못했을 거야.

**성장평가** 아직 기회는 많이 있고 아무튼 넌 해냈어! 힘들었지만 넌 해낸 거야. 중요한 것은 어떻게 했느냐가 아니야. 그것은 이후에 향상시킬 수 있으니까. 중요한 것은 올라가서 연설을 했다는 거야.

앞에 있는 판단평가들은 완벽함을 전제조건으로 개인의 노력에 무엇이 잘못되었는지를 보여주고 있다. 이런 포지션에서는 기분 좋은 결과를 얻기가 쉽지 않다. 마치 시험에서 98점을 맞고도 기분이 엉망인 학생처럼, 98점을 얻은 것보다 2점을 놓쳤다는 것에 사로잡히게 될지도 모른다. 반면에 성장평가는 매우 긍정적인 느낌을 들게 한다. 임의적인 기대가 없기 때문에 어떤 전진도, 한 발 앞으로 나온 것만으로도 인정하고 평가한다.

이 판단 포지션이 여러분들이 지금까지 알고 있는 유일한 것인지 모른다. 이것을 토대로 자기대화를 하라고 하면 매우 자연스럽게 흘러나온다. 이것은 기본 형태로 이어지는 고속도로다. 이 습관적인 흐름을 바꾸는 것은 기념비적이다.

바바라 고든(Barbara Gordon)의 저서 『I'm Dancing as Fast as I Can(나는 할 수 있는 한 빠르게 춤추고 있어요)』에 이와 관련된 두 자아의 투쟁이 잘 나타났다. 신경 안정제가 유발하는 문제들을 극복하기 위해 병원에서 멀리 떨어진 곳에서 생일을 보낸 고든은 성취감의 황홀한 느낌에 사로잡혀 돌아간다. 고든은 이렇게 기술한다.

"잠들기 전날 밤 나 자신에게 말했어요. '넌 해냈어. 바바라.' 하지만 그런 나를 내버려두지 않으려는 부정적이고 조롱하는 생각 때문에 들뜬 기분이 사라져버렸어요. '굉장해', 다시 원래의 나 자신이 말했어요. '다음 주에는 더 멀리 떨어진 캠프에 가면 돼.' 그러나 또 다른 나는 원래의 나를 침묵시키려고 애썼어요. 나는 두 자아의 싸움을 중단시켜야 해요. 그렇지 않으면 살 수가 없어요."

내재된 자아와 강요된 자아의 싸움, 그리고 판단 포지션과 성장 포지션의 싸움은 오래된 언어를 새 언어로 바꿀 때 언제나 나타난다. 한때 지하에 숨어 있던 것이 두려울 정도로 강렬한 모습으로 표면에 떠오른다. 고든의 말처럼 말이다. "내가 41살 때 이전의 그 어떤 전투보다도 힘들게 나 자신과 싸웠어요. 드라마틱하든 아니든 나는 마치 나쁜 남자들과 맞서 싸우듯이 나를 위해, 나에게 맞서 싸워야 했어요. 어떻게 하는지 방법을 알았더라면 좋았을 것을."

자신이 관련된 상황을 택해 판단평가와 성장평가를 시도해보
자. 어떤 것이 기분이 좋은지, 어떤 것이 미래를 위한 자극이 되
는지 결정해보자.

성장평가를 하는 것이 어려운 사람이 있다면 다른 사람에게
이야기하듯 자신에게 이야기해보자. 친구이자 동료인 알퍼트는
성장평가를 잘하지 못하는 내담자들에게 어떤 질문을 해야 하는
지 말해줬다. "당신이 사랑하는 아이가 자신이 했던 그런 실수를
했을 때 뭐라고 할 거죠?" 사랑하는 대상에게 이야기한다고 생
각하면 완전히 새로운 답이 나온다. 알퍼트는 이어서 두 번째 질
문을 한다. "당신이 아이에게 하듯이 자신에게 좋은 부모가 되어
주는 것은 어때요?"


## 자기지지의
## 완충장치 만들기

자기지지는 삶에서 어쩔 수 없이 발생하는 유해한 상황이나 파
괴적인 부모에게서 자신을 보호하는 역할을 한다. 완충장치는
말 그대로 외부 영향의 충격에서 보호해주는 충격흡수장치다.

자기지지의 완충장치는 우리가 실망, 비판, 거절, 불만에 직면했을 때 우리에게 안정감을 주고 중심을 잃지 않도록 도와준다. 또 우리를 타인의 심판자에게서도 보호해준다.

누구나 살아가면서 타인에게 부정적인 의견을 듣기도 한다. 만약 자신을 보호하는 완충장치가 없다면 타인의 부정적인 의견 앞에서 가라앉아 버릴 것이다. 작가 에인 랜드(Ayn Rand)는 50번이나 출판을 거절당한 후에 비로소 『마천루(The Fountainhead)』를 출간할 수 있었다. 이 책은 무려 수백만 부나 팔렸다. 비슷한 상황에서 당신은 견딜 자신이 있는가? 자기지지의 보호장치가 있으면 견딜 수 있다. 거절당하는 것은 결코 기분 좋은 일이 아니지만 완충장치나 쿠션이 있으면 그렇게 기분 나쁜 일만도 아니다.

내 자신을 위해 완충장치를 만들었다는 것을 처음 인지한 것은 아동발달 수업을 하고 있었을 때였다. 나는 학습이론과 아이들의 행동 문제의 응용에 대해 꽤 전문적인 강의를 했다. 쉬는 시간에 학생들 몇몇이 다가왔고, 내 주제가 너무 '이론적'이라고 비판했다. 나는 그들의 비판을 귀담아듣고 수업을 약간 변화시켰다. 그러자 학생들은 좀더 보람 있는 수업을 들을 수 있게 되었고, 나는 더 쉬운 수업을 할 수 있게 되었다.

내가 가장 기분이 좋았던 것은 나 자신과의 대화가 부정적인 의견을 파괴적으로 내면화하지 않고 쿠션 역할을 해줬다는 것이다. 나처럼 '완벽해라, 다른 사람을 만족시켜라'의 영향을 받는 사람에게 이것은 결코 쉬운 일이 아니다.

내가 만들어낸 완충장치는 마음속으로 '내가 학생들에게 호감이 아니어도, 매 순간 인정받지 않아도 괜찮아. 완벽한 선생이 될 필요는 없어.'를 상기시키는 것이다. 학생들이 자신들끼리 속닥거렸을 때조차도 나에게 이 허용을 반복했다. 그 결과 비판을 즐겁게 받아들이기까지 오랜 시간이 걸리지 않았다. 나는 우울하지도 않았고 화나지도 않았다.

내가 여기서 강조하고 싶은 것은 완충장치가 들어오는 정보를 차단하지 않았다는 것이다. 나는 학생들의 비판을 들었고 그들이 요구하는 쪽으로 변했다. 완충장치는 비판을 반사시키지도, 역습을 꾀하지도 않았다. 나는 그들에게 반격을 시도하지도 않았고, 게으르거나 학습의욕이 없다고 우회적으로 학생들을 비난하지도 않았다. 완충장치로 강한 비판 속에 있는 판단의 요소를 중화시켰을 뿐이다. 그것은 자기평가의 고통을 최소화시키면서 정보를 받아들이고 처리하게 해줬다. 쉽게 말하자면, 누군가가 나에게 막대기를 집어던졌을 때 그것을 집어 자신을 때리는 대신에 유심히 살펴보고 건설적으로 사용한 다음에 버린 것이다.

가끔씩 치료 자체는 성공적인데 일반적인 시각에서 보면 이해되지 않는 행동을 하는 사람들이 있다. 그들이 치료를 받게 만든

환경적인 스트레스가 여전히 해결되지 않고 있기 때문에, 그 환경을 바꾸는 과정에서 오히려 더 힘든 상황에 처하기도 한다. 예를 들어 침묵을 지키며 힘겨운 결혼생활을 하던 사람이 갑자기 적극적으로 이혼을 하려고 하는 경우처럼 말이다.

하지만 그들의 내면 환경은 이미 바뀌었다. 그들은 더 많은 스트레스를 받아도 자신이 차분해지고 생동감 있고 조화로움을 느끼는 것을 경험하면서 진정한 변화가 일어난 것을 알게 된다. 쿠션이 만들어졌고 완충장치가 장착되었다. 자기지지가 내면에 있는 심리학적 구조의 기본 성분이 된 것이다. 이제 그들은 새로운 언어 속에서 살게 되었다.

더 인정받지 않아도 괜찮아!
더 완벽해지지 않아도 괜찮아!
**더 강해지지 않아도 괜찮아!**

Chapter 7

# 자신의 안내자를
# 발달시키자

5단계 _ 자신의 안내자를 발달시키자 • 첫 번째 도구, 작은 단계 밟기 • 두 번째 도구, 환경에 대한 세심한 배려 • 세 번째 도구, 자신의 감정에 대한 세심한 배려 • 네 번째 도구, 자신의 능력에 대한 세심한 배려 • 다섯 번째 도구, 자신의 생각 표현하기 • 내부 안내자가 움직일 때의 느낌

# 5단계 _ 자신의 안내자를
발달시키자

한때 '완벽해라' 다이어트를 했던 사람이 이렇게 말했다. "내가 100% 다이어트에 집착하지 않더라도 그게 꼭 비극이라고 할 수는 없어요. 때로 인간적인 것도 괜찮아요. 난 이미 2kg을 뺐다고요. 그리고 지금도 잘하고 있어요."

그녀는 비판적인 인식의 틀을 자신을 지지하도록 바꾸었다. 하지만 만약 그녀가 조금만 신경을 쓰지 않으면 심판자는 곧 이런 메시지를 들고 다시 나타난다. "글쎄. 그렇다고 너무 자신하지는 마. 한 번 실수하면 모두 끝이야!" 이렇게 되면 이전으로 되돌아갈 위험이 있다.

방향이 필요하고 행동 '계획'이 필요하다. 우리는 '완벽해라'

외줄타기의 부정적인 결과를 알고 있다. 이때 필요한 것이 있는데 바로 옆에 있는 보도로 걷는 것이다. 이 길은 때로는 실수를 허락하고, 원하는 방향으로 통하는 유연한 길이다. 우리가 이렇게 전환을 할 때 필요한 존재가 바로 안내자다.

'어떤 행동전략을 취할 것인가?' 안내자는 심판자와 대조적으로 현실적이고 유용한 행동전략을 수립하도록 도와준다. 이 안내자를 발달시키는 것이 당신의 테이프를 바꾸는 일의 다섯 번째이자 마지막 단계다. 처음에 안내자는 심판자와 비슷하지만 심판자와는 다르다. 심판자와 안내자를 비교해보자.

- 심판자는 내재된 자아를 무시한다. 그것은 '○○되어야 한다'처럼 미리 정해놓은 당위성의 개념에 전적으로 의존해 움직인다.
- 심판자는 유연하지 못하다. 상황이나 감정이 바뀌어도 일관된 입장을 고수한다.
- 심판자는 환경을 고려하지 않는다. 다시 말해 그것은 '○○해야 한다.'라는 분위기에서 작동하고 '○○상태에 있다.'를 무시한다.
- 심판자는 작은 단계를 알지 못한다. 심판자의 명령은 '이것이 첫 번째 단계다.'라는 것처럼 상세하지 않다. 작은 단계로 세분화하는 것이 의미가 없다.
- 심판자는 밀어붙이지 않으면 행동하지 않을 거라는 추정을 기반으로

조종자들에게 의존한다.

- 심판자는 상이 아니라 벌을 준다. 벌은 '무엇이 이루어졌는가'가 아닌 '무엇이 부족한가'에 초점을 맞춘다.

## 이제 내면의 안내자를 살펴보자.

- 안내자는 내재된 자아를 고려한다. 감정, 매일 오르내리는 기분의 변화, 바뀌는 우선순위, 바람 등 말이다.
- 안내자는 유연하다. 상황에 따라 실천 계획을 다양하게 하는 것을 허락한다.
- 안내자는 우리가 실력을 발휘할 수 있는 환경을 선택할 수 있도록 숙고한다. 이 환경은 필요에 따라 실천 계획의 일부가 된다.
- 안내자는 작은 단계에 만족한다. 이러이러한 것을 달성하라고 요구하기보다는 "성장을 향해 앞으로 나아가는 데 어떤 단계를 밟을 수 있지?"라고 묻는다.
- 안내자는 조종자가 실천 계획에 개입하는 것을 용납하지 않는다. 안내자와 함께 있을 때에는 '서둘러라, 열심히 노력해라, 완벽해라'가 없다. 안내자는 적절한 환경을 고려하면 우리가 제일 잘 성장할 거라고 추정한다.
- 안내자는 우리가 한 단계씩 밟고 올라갈 때마다 충분한 보상을 한다.

다시 앞의 예로 돌아가 이것을 적용해보면 다이어트중인 사람의 안내자는 이렇게 말한다. "너무 배가 고픈데 먹을 것이 없어 할 수 없이 감자칩을 먹었을 거야. 다음번에 학교에서 이렇게 늦어지는 경우가 있으면 영양가 있는 간식을 가지고 가. 일단 좋은 것을 먹고 허기를 채우면 화가 나서 자판기를 발로 차는 일도 없을 거야."

안내자가 정상적으로 기능을 할 때 목표를 달성할 수 있는 실천 계획을 수립할 수 있다는 점에 주목하라. 다이어트를 하는 사람이 느끼는 배고픔은 비난과 무시의 대상이 아니라 실천할 수 있는 계획의 필수 요소로 받아들여진다. 특별한 수단(영양가 있는 간식을 가져가는 것) 역시 특별한 상황(학교에서 저녁 늦게까지 있어야 하는 상황)에서 필요한 것으로 고려한다.

안내자의 중요한 기능은 현실을 무시하지 않고 고려하는 것이다. 안내자는 "그냥 한번 해봐."라고 말하지 않고 이렇게 말한다. "이렇게 하면 할 수 있어."

안내자는 우리에게 매우 중요한 다섯 가지 도구를 준다. 그것은 작은 단계를 밟고, 환경과 자신의 감정을 세심하게 헤아리고, 자신의 능력을 충분히 배려하고, 자기주장을 분명하게 하는 것이다. 이 다섯 가지 도구를 적용하는 기술은 매우 중요하기 때문에 각각 세부적으로 살펴보자.

# 첫 번째 도구,
# 작은 단계 밟기

안내자가 이용하는 첫 번째 도구는 작은 단계다. 『Super self(슈퍼 자아)』의 저자 도로시 텐노브(Dorothy Tennov)는 하나의 단계는 식별할 수 있을 정도로 크고 달성할 수 있을 정도로 작아야 한다고 말한다. 단계가 너무 크면 부담스럽고 너무 작으면 인지하기 어렵기 때문이다.

많은 사람들이 단계를 처음부터 너무 크게 만드는 실수나 오류를 범한다. 2시간 만에 리포트를 끝내고 매주 2kg을 빼고 하루에 스무 가지 일을 하려고 결심하는 것처럼 말이다. 하지만 단계가 크면 클수록 당연히 성공할 가능성은 떨어지고, 성공하지 못하면 자신에 대한 실망감으로 자신을 나무랄 가능성은 높아진다.

제인은 적절한 운동을 찾는 데 심한 어려움을 겪은 후에 작은 단계 원칙을 적용하기로 결심했다. 처음에 '트랙 주위를 한 바퀴 정도 뛰자' 라고 결정했을 때는 이 원리를 이용하는 것처럼 보였다. 또 에어로빅 수업을 매주 한 번씩 가기로 결정했을 때도 그랬다. 하지만 운동하는 횟수가 점점 줄어들다가 사라졌다. 제인은 자신의 심판자나 다른 사람에게 작아 보이는 이 단계가 자신에게 너무 크다는 사실을 인정했다.

그래서 제인은 건강이라는 목표를 향한 출발점이 될 수 있는 정말 작은 단계의 운동을 찾기로 마음먹었다. 제인은 3층 계단이 있는 집에 살고 있었기 때문에 계단을 두 번 달려서 오르내리는 것이 좋은 출발일지도 모른다고 생각했고, 계단을 달려 세 번씩 오르내리기 시작했다. 2주가 지나자 성공률은 50%를 맴돌았다. '완벽해라'로 시작해 언제나 '집어치워'로 끝난 것을 기억하며 제인은 소리쳤다. "이제 됐어!"

　　가능한 한 목표를 작게 만들어 실천하는 것은 얼핏 보면 간단해 보인다. 하지만 그것은 '서둘러라'와 '열심히 노력해라' 심판자의 명령과 자주 충돌한다. 불안감이 강한 사람일수록 이 첫 단계를 정말 작게 만들어야 한다. 나의 어떤 내담자는 반드시 책을 읽어야 하는 상황에서 첫 번째 단계의 목표를 장의 페이지를 헤아리는 것으로 설정했다. 일단 그렇게 하자 두려움이 줄어들어 장의 머리 부분을 읽는 두 번째 단계로 나아갈 수 있었다.

　　아무리 두렵고 거대한 모습으로 다가오는 문제일지라도 일단 작은 단계로 세분화하면 감당할 수 있게 된다. 만약 정해진 일을 피하거나 외면하면 첫 번째 단계가 너무 컸기 때문이다. 일단은 작게 쪼개보자. 우울이나 두려움 없이 할 수 있을 정도로 작아질 때까지 계속 쪼개보자. 이렇게 첫 단계를 무사히 마치면 다음 단계에서 재교섭할 수 있다. 이런 방법으로 작은 단계의 원칙을 집

청소, 논문 쓰기, 운동 시작하기 등에 적용시켜보자.

집 청소를 예로 들어보자. 첫 단계가 '침실 치우기'라면 충분히 작지 않다. 침실 치우기 자체도 많은 단계로 구성되어 있다. 진공청소기 밀기, 침구 정리하기, 옷 정리하기, 먼지 털기 등. 만약 청소할 기분이 나지 않는 사람은 소파에 앉아 텔레비전을 보는 것을 선택할지도 모른다. 좀더 작은 단계가 '침실에서 다섯 가지 물건 제자리에 놓기'일 수도 있다.

리포트를 쓸 때 심판자는 이렇게 명령할 것이다. "군소리 말고 제자리에 앉아서 해." 반면에 안내자는 이렇게 제안할 것이다. "첫 번째 자료를 읽고 밑줄을 긋고 무엇을 쓸지 결정하려고 애쓰지 마. 그냥 글을 읽어보기만 해." 이 자료를 전부 읽고 나면 안내자는 다시 이렇게 제안할 것이다. "답을 적고 싶은 질문 다섯 개만 적어." 혹은 이렇게 물어볼지도 모른다. "글쓰기에 가장 쉬운 부분이 뭐야? 그 부분에 대한 아이디어를 한번 적어보자."

이 단계는 글쓰기를 꺼리는 사람을 자료에 자연스럽게 접근하게 만든다. 대개 잠깐 훑어보는 것만으로도 글을 쓰고 싶게 만들 수 있다. 가끔씩 작은 단계가 제시하는 것보다 더 많은 것을 이룰 수도 있겠지만 그것은 목표가 아니다. 만약 '불이' 확 타오르면 금상첨화겠지만 그렇지 않더라도 한 단계씩 앞으로 나아가면 된다.

# 두 번째 도구,
## 환경에 대한 세심한 배려

제인이 계단을 오르내리는 것을 운동의 출발점으로 삼았을 때 목표는 운동을 집에서만 하는 것이었다. 트랙이 있는 운동장이 부근에 있었지만 차를 몰고 갔다가 돌아와야 하는 곳이었다. 제인은 이것이 아직 몸에 배지 않은 운동 프로그램을 유지하는 데 매우 큰 걸림돌이 된다는 것을 경험으로 알고 있었다. 그래서 트랙에서 아무것도 하지 않는 것보다 집에서 어떤 것이라도 하는 것이 훨씬 낫다고 생각했다. 제인의 이런 선택은 환경에 대한 세심한 배려다.

만약 어떤 일에 최대의 효과를 내고 싶다면, 환경 감수성을 발달시켜야 한다. 그러나 '어떻게 해야 한다'를 중요하게 생각하는 사람은 환경을 수단으로 삼기보다 환경과 싸운다. 이런 사람은 자신이 어떤 상황에서도 자제할 거라고 기대하지만, 변화시킬 수 없는 환경 앞에서 자제력을 잃고 자신을 질책한다.

특히 체중을 줄이고 싶어하는 사람들은 환경적 영향을 더 고려해야 한다. 보통 냉장고에 아이스크림을 넣어두고, 쿠키를 바로 옆에 두고 체중이 줄기를 기대한다. 그들은 뜨거운 빵과 버터가 있는 테이블을 눈앞에 두고 그것을 자신이 직접 치울 수 있기를 기대한다. 하지만 체중 감량은 유혹하는 음식을 미리 통제하는 것에서 시작해야 한다.

환경에 대한 세심한 배려는 다른 목표에서도 중요하다. 성적을 향상시키거나 일의 생산성을 높이고 싶은 사람은 자신을 방해하는 환경적 요소를 최소화해야 한다. 노라는 고민 끝에 작업 공간을 직접 만들었다. 부엌에 바느질거리를 내와서 일을 하고, 저녁에 요리를 하기 위해 치우는 것은 바느질을 효율적으로 할 수 없다는 것을 뜻했다. 노라가 저렴한 중고 테이블을 구입해 공간을 만들자 바느질을 지속적으로 할 수 있었다. '어느 곳에서도 일할 수 있어야 해.'라는 심판자의 신념을 묶어버리자 알맞는 환경을 만드는 것은 생각보다 간단했다.


# 세 번째 도구,
# 자신의 감정에 대한 세심한 배려

안내자의 세 번째 도구는 내재된 자아의 감정과 욕구를 세심하게 배려하는 것이다. 이것은 다른 두 가지를 포함한다. 시시각각 변하는 감정에 대한 배려와 현재 능력 수준에 대한 배려다. 감정을 세심하게 배려하는 것은 자신 내면의 소리에 주의 깊게 귀를 기울이는 것이다.

사람들은 흔히 자신을 너무 믿지 말라고 배우다보니 자신의 감정에 귀를 기울이기보다는 주변에 이렇게 묻는다. "이제 뭘 해야 하죠? 어떤 결정을 내려야 하죠?" 하지만 조종자·방해자·혼란자의 혼탁한 영향에서 벗어난 감정만큼 우리가 나아갈 방향을 명료하고 완전하게 말해주는 것도 없다.

내가 어렸을 때 할머니와 놀던 기억이 난다. 한 사람이 방안 어딘가에 있는 어떤 물건을 선택하면 나머지 사람들이 그것을 찾는 놀이였다. 사람들이 선택한 물건에 점점 가까이 가면 점진적인 반응을 해줬다. "따뜻해. 점점 따뜻해지고 있어. 뜨거워. 점점 뜨거워지고 있어. 이제 거의 불이야!" 만약 물건에서 멀어질 때는 그 반대로 반응해줬다. 이 게임에서 많은 부분을 차지하는 즉각적인 반응은 감정이 우리에게 나아갈 방향을 안내해주는 것과 비슷하다.

만약 우리가 내재된 자아의 요구에 따라 행동한다면 언제나 막히지 않고 흘러가는 느낌을 경험할 것이다. 흥분, 행복, 에너지, 열정을 자주 느끼게 될 것이다. 분노, 슬픔, 피곤함 또한 경험할지 모른다. 만약 그렇다 해도 이 감정들을 거부하지 않고 수용하고 지지할 것이다. 분노가 '분노 쌓아두기' 과정으로 축적되지 않도록, 슬픔이 우울증 형태로 표출되지 않도록 표현하고 깔끔하게 끝난다. 한 마디로 자신과 싸우더라도 갈등은 없다.

우리는 내재된 자아의 흐름에 따라 행동할 때 감정이 어떤 신호를 보내더라도 귀를 기울이고 존중한다. 만약 햇볕을 쪼이며 긴장을 풀고 있으면, 자신에게 일어나라고 말하지 않아도 된다. 만약 감정이 그렇게 하라고 신호를 보내면 따르면 된다.

연좌농성(자포자기)중에 있는 것이 아니기 때문에 관심을 끄는 생각이나 외부 이슈가 있을 때마다 기본적인 에너지가 요동치며 활동적이 된다. 또 비슷하게 슬픔과 분노 역시 강요된 자아에서 연료를 공급받거나 억눌려져 있는 것이 아니기 때문에 치유할 수 있는 한시적인 감정에 불과하다.

그래서 진정한 자아와 끈이 연결되어 있음을 생전 처음 경험한 사람은 이렇게 탄성을 지른다. "내 계획과 내 생각에 대해 말하는 것을 멈출 수가 없어요. 흥분돼요. 난 내가 이렇게 행복할 수 있을지 생각도 못했어요."

생동감과 일체감이 우리가 올바른 방향으로 가고 있음을 알려주는 것이라면, 불안·우울·권태감은 우리가 자기감정에서 멀어져 있거나 싸우고 있음을 말해준다.

너무나도 유명한 스탠리 밀그램(Stanley Milgram)의 '권위에 대한 복종' 실험은 후자에 대한 드라마틱한 예를 보여준다. 밀그램의 연구는 피실험자들에게 전기충격에 대한 진실을 알려주고,

실험실 보조요원들에게 단계적으로 전기충격을 가하게 했다. 인간이 권위 있는 사람의 지시를 받을 때 어떤 반응을 보이는가 하는 것이 이 실험의 핵심이었다.

이 실험 결과 많은 피실험자들(62%)이 상대방의 고통에 상관없이 권위자의 지시에 따랐다. 피실험자들은 실험실 보조요원들이 전기충격으로 고통받는 것을 보면서도 권위자의 지시에 끝까지 따른 것이다.

흥미로운 것은 피실험자들이 긴장과 정서적인 중압감으로 여러 신체적 반응을 보였음에도 전기충격을 가했다는 사실이다. 밀그램이 기록한 것처럼 "그들이 실험의 갈등 속에 점점 빠져들면서 땀을 흘리고 떨고 말을 더듬고 입술을 깨물고 신음하는 모습이 관찰되었다." 하지만 권위자가 "선택의 여지가 없어. 해야 돼."를 요구하자 많은 사람들이 자신의 감정에 귀를 기울이지 않았다.

자신의 감정을 존중하지 않으려는 태도는 우리 주변에서 흔히 볼 수 있다. 다이어트를 하는 사람들은 배고픔을 무시하려고 한다. 실제로 배고픔을 인정하는 것은 성공적으로 체중을 감량하는 데 중요하다. 역설적으로 나는 다이어트중인 사람에게 아침과 점심을 더 먹으라고 권유한다. 하루가 끝날 무렵 집에 들어와서 뭐든지 먹어치우는 '될 대로 돼라.' 는 식의 폭식을 유발하지 않도록 말이다.

우울증은 내재된 자아와의 연결이 끊어졌음을 알려주는 또 다른 신호다. 한 여성은 수년 동안 우울증을 앓았는데, 이것은 자아의 요구가 충족되지 않았음을 말하고 있었다. 결국 방해자들이 무력화되었을 때 그녀는 한때 즐겼던 바깥 활동을 다시 시작했다. 그리고 자신의 직업 상황을 재평가했고 몇 가지 변화를 주었다. 그러자 우울증이 사라졌다. 그녀의 우울증은 신체적인 고통과 비슷한 형태로 나타나 방향을 바꾸라고 말해준 신호다.


## 네 번째 도구,
## 자신의 능력에 대한 세심한 배려

안내자는 개인의 능력 수준에 따라 세심하게 배려한다. 안내자가 "커피를 세 잔 마실 때까지 뭘 하려고 하지 마."라고 말하는 사람은 아침 능력 지수가 낮은 사람이다. "6시 이후에는 너무 지쳐서 텔레비전 보는 것 외에는 아무것도 못해요."라고 말하는 사람은 하루가 끝날 무렵에 능력이 감소하는 사람이다.

『Super self(슈퍼 자아)』에서 도로시 텐노브는 능력 지수를 '가장 유능한 상태(레벨 1)에서 가장 많이 떨어진 상태(레벨 5)' 까지 다섯 단계로 구분한다. 레벨 1 능력은 수행 능력이 최고 정상에 있는 상태를 말한다. 이것은 일을 최고로 잘할 수 있고, 가장 어려운 프로젝트를 수행할 수 있고, 가장 고차원적인 사고를 할 수 있는 레벨이다. 반면에 레벨 5는 휴식을 취하거나 일상적인 일을 하기에 좋은 수준이다. 능력 지수는 질병, 우울, 피로, 좋은 뉴스 등 일시적인 영향뿐만 아니라 수면이나 호르몬 같은 심리학적인 순환 사이클을 반영한다.

심판자는 능력 수준에 따른 세심한 배려와 동정심 같은 건 없다. '강해져라'가 주장하는 슬로건은 내부 피드백에 아랑곳하지 않고 '전속력으로 전진'이다. '서둘러라'는 개인의 자아와 보조를 맞추지 않는다. 또 방해자의 엄격한 요구인 '프로젝트를 시작하기 전에 책상부터 깨끗이 치워!' 같은 것은 높은 에너지를 효율적으로 이용하지 못한다. 능력이 레벨 1의 최고 상태에 있을 때 옷을 개고 일상적 편지에 답장을 쓰는 일을 하는 것은 실패를 예약한 거나 다름없다.

또 비슷한 맥락에서 부정적인 예상은 레벨 1의 최고 열정을 용두사미로 만들어버린다. 요컨대 자신의 현재 능력 상태를 과잉으로 사용하거나 불완전하게 사용하는 것, 둘 다 부정적인 결과로 이어진다. 이 지점에서 안내자의 매우 중요한 도구는 내부 레벨과 외적인 요구 수준을 맞추는 것이다.

내 내담자들 중 많은 사람들이 자신의 현재 능력을 잘 알지 못하고 자신을 질책한다. 낮은 에너지 수준에 있을 때 복잡하고 수준이 높은 작업을 시도하다 제대로 되지 않으면 자신을 '무능하고' '게으르고' '멍청하게' 여긴다. 게다가 강요된 자아의 많은 조종자들이 개입하고 있는 상태에서 자신을 잘 돌보지 않으면 일반적으로 총 능력이 감소한다. 만약 이런 상태에서 자신을 과도하게 몰아붙이면 에너지가 고갈되고 소진되는 느낌이 들 뿐만 아니라 우울해진다. 이것이 바로 '방출시간'이다.

능력이 제일 낮은 단계인 '방출시간'은 때에 따라 즐거울 수도 있다. '방출시간'에는 햇빛 아래에 앉아 있고, 독서를 하고, 낮잠을 자고, 아무것도 하지 않고 쉬면 된다. 방출시간은 회복을 하고 자양분을 공급하는 시간이다.

그런데 많은 사람들이 이 '방출시간'을 믿지 않는다. 그들은 방출시간이 존재하지 않는 것처럼 행동하고, 언제나 에너지가 넘쳐야 된다고 생각한다.

환경에 세심하지 못한 것 역시 이런 내부 상태에서 일어난다. 설상가상으로 많은 사람들이 낮은 레벨의 능력에 있을 때 자신을 질책한다. 이 질책은 자연적으로 낮아진 에너지 사이클을 더 둔감하게 만들고 우울증을 불러온다.

만약 상당히 높은 레벨의 에너지를 일에 쏟는 사람이라면, 자신이나 짝을 위해 '방출시간'을 할애할지도 모른다. 맞벌이 부부는 레벨 5일 때 함께 있는 것이 즐겁고 로맨틱하지 않음을 발견한다. 주말이 되면 데이트를 하러 나가지만 대화는 단조롭기 그지없고, 그 이후의 섹스는 사무적이고 일상적이다. 이것은 전혀 이상하지 않다. 둘 다 지쳐 있기 때문이다. 개인적인 활동에 '방출시간'을 사용하는 것은 흔히 그저 그런 결과로 이어진다. 방출시간은 휴식이 가장 적합하다.

조는 세무 전문 변호사로 일하고 있는데 늘 과로한다. 주당 60~70시간 일하고, 일이 끝난 후 주로 방출시간을 가진다. 라켓볼을 치고 집 주위를 돌아다니거나, 자신의 재정 계획에 대한 책을 읽으면서 시간을 보낸다. 자신의 최우선 순위인 인간관계의 발전을 위해 시간을 낼 수가 없다. 대개 금요일이나 토요일 밤에도 종일 일을 하기 때문에 사교활동을 할 생각이 들지 않는다. 조는 해변에 누워 있고, 박물관을 둘러보고, 새로운 사람을 만날 수 있는 새로운 곳에 갈 시간도 없다.

조는 더이상 앞으로 나가지 못하는 것에 대해 자신을 질책하지만, 그렇게 하려는 욕망이 부족하다. 능력 레벨이 높은 시간을 일에 빼앗기다보니 사교활동을 위한 에너지가 거의 남아 있지 않다. 새로운 사람을 만나려는 노력을 레벨 4나 5에서 하는 것은 매우 힘들다. 아홉 시간에서 열 시간 동안이나 일을 하고 난 후 주말이 끝날 무렵 자신을 질책한다. "또 한 주가 날아갔어. 밖으로 나가지 않으면 아무도 만나지 못해. 금요일 밤에 왜 파티에 가지 않았니?" 조는 자신의 내부 메시지를 바라보며 자문한다.

**1단계** 자신에게 무슨 이야기를 하고 있지?
**답변** 핑계 그만 대고 나가라고 말하고 있어.

**2단계** 자기대화가 도움이 되니?
**답변** 금요일 오후에 했다면 도움이 되었을지도 몰라. 하지만 일요일 밤에는 도움이 되지 않아. 그래서 우울해.

**3단계** 조종자, 방해자, 혼란자는?
**답변** '열심히 노력해라' 야. 나는 자신에게 주말 내내 누워서 빈둥거리지 말라고 말하고 있어. 다른 누군가를 만나기 위해 열심히 노력해야 돼.

**4단계** 허용과 자아확인은?
**답변** 내 감정에 귀를 기울이고 그것에 따라 행동해도 괜찮아. 내가 원하면 쉴 수 있고 아무것도 하지 않아도 좋아. 나는 날 위한 시간을 가질 자격이 있어.

**5단계** 내 안내자와 내가 취할 실천 계획은?

**답변** 한동안 토요일에 일을 하지 않을 거야. 하루 종일 쉬고 토요일 밤에 밖으로 나가고 싶은지 생각해볼 거야. 몇몇 사람들에게 내가 누군가를 만나는 것에 관심이 있다는 것을 알려주고 지켜볼 거야. 어쩌면 사장에게 조수를 붙여달라고 말할 때도 된 것 같아. 분명한 것은 긴장과 피로를 풀 시간이 없다면 나가지 않을 거야.

조의 실천 계획은 자신의 능력 레벨을 세심하게 배려하고 있다. 이 세심한 배려는 조에게 인간관계를 형성할 기회를 만들 수 있도록 환경을 바꿔야 한다고 말한다.

어쩌면 이런 일이 우리 모두에게 일어날 수 있다. 우리 목표가 누군가를 만나는 것이든, 책을 쓰는 것이든, 새로운 관심사를 개발하는 것이든 상관없이 높은 능력 수준에 있을 때는 충분한 에너지가 있다.

### 풍부한 자기보상

"채찍이 아닌 당근을 사용하라."는 오래된 격언이 있다. 징벌보다 보상이 부작용 없이 동기를 유발할 수 있다. 바라는 행동을 증가시키고 원치 않는 행동을 감소시키는 데 자기보상 원리를 이용할 수 있다. 그것을 이용해 공부를 더할 수도 있고, 담배를 줄일 수도 있고, 춤을 배울 수도 있다. 자기보상은 의무나 자기징벌로 이루지 못한 변화를 만들어낸다.

자기보상에는 두 가지 측면이 있다. 첫째, 긍정성의 강화는 그 자체로 인간이 높은 수준의 심리학적 기능을 유지하도록 도와준다. 물리적인 에너지를 얻기 위해 음식이 필요하듯 심리학적 건강을 최고 상태로 유지하기 위해서는 자양분이 필요하다. 이 자양분은 내적 · 외적으로 후한 보상을 통해 얻을 수 있다. 둘째, 긍정성의 강화는 실천 행동 단계에서 각 단계를 완료한 후에 새로 습득한 행동을 유지하고 강화시킨다.

## 강화와 일상적인 행복

우울한 내담자에게 내가 제일 먼저 물어보는 것 중 하나가 현재 즐기는 활동이 있는지다. 대개는 별로 없다. 그들이 하는 일은 대부분 자진해서 떠맡았거나 가족들이 요구한 것이다. 실제로 음악을 들을 시간도, 책을 읽을 시간도, 수영하러 갈 시간도 없다.

수잔느 역시 그런 경우다. 수잔느는 회사에서 판촉 매니저로 승진했지만 자기시간이나 자유시간이 거의 없다. 팀이 커지고 있었기 때문에 관리감독, 예산, 계획 외에 보고서 작성까지 감당

해야 했다. 결국 몇 개월을 일의 회오리에 휘말린 후 우울해지기 시작했다. 그러다가 자신의 우울함을 동료들이 알아차리자 치료를 받기로 결심했다.

수잔느와 대화를 해보니 수잔느는 지속적으로 세 조종자의 압박을 받고 있었다. 그들은 '완벽해라, 서둘러라, 열심히 노력해라'였다. 특히 '열심히 노력해라' 조종자는 수잔느에게 팀의 모든 업무에 개입하게 했다. 심판자에게 팀의 일이 최우선순위였기 때문에 수잔느는 우선순위를 정할 수가 없었다. 수잔느는 각 요구('열심히 노력해라')를 충족시키는 것만으로 모자라 즉시 해야 했고('서둘러라') 최고로 해야 했다('완벽해라'). 결과는 장시간에 걸친 강도 높은 스트레스였다.

수잔느는 미처 끝내지 못한 서류를 자주 집으로 가지고 왔고, 너무 지쳐서 산책하고, 새로운 요리를 해보고, 자수를 놓고, 글을 쓰고, 친구와 전화통화를 할 수 없었다. 한때 즐거움과 지지의 주된 원천이었던 동료직원들과의 점심식사가 한 달에 한두 번으로 줄어들었다. 수잔느에게 강화와 자양분의 원천이었던 일이 하나둘씩 옆으로 밀려났다.

다행히 수잔느는 다른 방식으로 삶을 재조정해야 한다는 생각을 할 수 있었다. 일단 자신의 삶이 어떻게 정체 상태에 빠지게 되었는지를 깨닫고 즉시 몇몇 친구들을 만나 저녁을 먹기로 했다. 또 의도적으로 퇴근 무렵에 약속을 정해 일에서 벗어났다. 서류도 집으로 가져오지 않았다. "집에서는 절대 일을 하지 않아요."라고 말했다. "하지만 일을 하지 않는다는 것에 죄책감이 들어 음악을 듣거나 소설을 읽거나 내가 하고 싶은 일을 하는 건 내키지 않아요."

수잔느가 자신을 돌보기 시작하자 우울증이 사라졌다. 흥미로운 것은 그렇게 한다고 해서 일의 수행과 성취에 문제가 생기지도 않았다는 것이다. 보고서도 정확했고 필요한 정보도 여전히 전달되었다. 달라진 것이 있다면 완벽하기 위해 투자한 시간과 에너지를 줄인 것뿐이었다.

수잔느는 책임을 위임하는 법을 배웠고, 통제권을 내려놓는 것이 붕괴로 이어지지 않음을 알았다. 직원들의 사기는 더 높아졌다. 수잔느는 장기적인 목표를 달성할 때 자신을 돌보는 것을 매우 중요한 요소로 여기는 안내자를 발달시킨 것이다.

### 강화와 긍정적인 행동

어떤 행동에 긍정적인 결과가 따르면 그 행동은 강화된다. 보상은 아무리 작은 것이라도 습관을 변화시키기 위한 동기유발제가 될 수 있다. 내가 처음 피아노를 배웠을 때 피아노 선생님이 보상을 정말 효과적으로 이용했던 기억이 있다. 그 선생님은 내가 어떤 곡을 성공적으로 마치면 종이 서커스 차에 붙일 동물 스티커를 상으로 주었다. 그것은 9살짜리 아이에게 정말 큰 상이었다.

우리가 자신에게 이런 보상을 할 때도 같은 동기유발 효과가 있다. 게일은 30분 동안 산책을 하고 즐거운 곳에서 점심을 먹자 자주 산책하게 되었다. 지미는 두 시간 동안 공부한 후에 친구와 맥주 한 잔 하는 것을 자신에게 허락하자, 저녁을 먹은 후에 곧장 도서관으로 향했다. 베티는 흡연을 하고 싶은 충동을 참을 때마다 자신에게 포인트를 주고 그 포인트를 현금으로 바꾸어 보석이나 옷, 화장품을 사도록 허락했다. 그 결과 베티는 금연 때문에 그렇게 기분이 나빠지지 않았다.

박탈감이 많이 드는 다이어트 같은 습관의 변화일수록 충분한 보상이 중요하다. 『I'll Never Be Fat Again(나는 절대 살찌지 않을 거야)』라는 책에서 에다 리샨(Eda LeShan)은 이렇게 기술했다. "다이어트중에 음식이 아닌 다른 선물로 자신에게 편안함과 보상을 해주는 것보다 더 중요한 것은 없다. 내 일기에 이런 내용이 있다. '이틀 동안 체중이 줄지 않았다. 나는 낙담하고 자신에게 미안함을 느낀다. 나는 잡화점 앞에서 걸음을 멈추고 내게 별 필요 없는 화장품 종합 세트를 사줬다. 처음에는 바보 같다고 생각했지만 곧 대단한 전환을 했음을 깨달았다. 보통 때 낙담하거나 우울한 기분이 들면 빵집이나 사탕가게로 달려갔는데 말이다. 좋았어!'"

어쩌면 가장 중요한 보상은 리샨의 '좋았어!'와 같은 간단한 자기인정이다. 내가 나 자신에게 "어이, 이 섹션을 마쳤어." 혹은 "이제 5장이야. 벌써 거의 반이나 썼어!"라고 인정해주면 기분이 좋아진다. 달리기 주자에게 "5Km 지점에 있는 종착지까지 1Km 왔어, 2Km 왔어, 3Km 왔어."로 꾸준한 전진을 알려주는 것은 엄청난 강화 효과를 낳는다.

자기에게 보상하는 새로운 방법을 발견하려면 자신이 꿈꾸는 이상적인 하루를 글로 한번 써보면 된다. 한 모임의 사람들에게 이상적인 하루를 써보게 하니 놀라운 유사성이 있었다. 대부분이 집안일이나 공부에서 해방되어 늦게 일어나고, 외식하고, 여유롭게 시간을 보내는 것이었다. 그들의 반응이 유사한 것은 구성원 대부분이 20대 후반에서 50대 후반의 동종직업 종사자인 것과 관계가 있었다. 이렇게 바쁜 사람들에게 자유시간을 선물하는 것은 자기 양육(self-nurturing)의 매우 중요한 형태다.

자기 양육은 허용을 통해 심판자가 정해놓은 경계선을 넘는 것을 포함한다. 자기 돌보기를 외식하는 것으로 제한하지 말고 메시지나 꽃다발을 허락하자. 돈을 지불하고 집을 깨끗이 치우게 하자. 개인적인 트레이너나 치료사를 찾아가자. 결국 자신에게 주는 것인데 어떤 것인들 못해주겠는가?

# 다섯 번째 도구,
# 자신의 생각 표현하기

많은 갈등을 적절한 자기주장으로 해결할 수 있기 때문에 자신의 생각을 정확하게 전달할 수 있도록 그 기술을 최고 수준까지 발달시키는 것은 매우 중요하다. 효과적인 내부 안내자의 다섯 번째 도구는 자기주장의 원리를 완전히 이해하는 것이다. 내 책 『Self-Assertion for Women(여성을 위한 자기주장)』에 대인관계의 어려움을 성공적으로 해결하는 데 도움이 되는 여덟 가지 테크닉을 기술했다. 여기서는 가장 중요한 세 가지를 상세히 기술한다. 그것은 I-메시지, 압력, 흐리게 하기다.

### I-메시지

다른 사람들과 대화를 할 때 긍정적인 감정과 부정적인 감정을 표현하는 기술은 효과적인 안내자에게 필요하다. 이 기술의 기본은 I-메시지다. I-메시지는 감정을 표현하고 의견을 나타내며 비난하지 않고 소통한다. 반면에 You-메시지는 부정적인 라벨을 사용한다. You-메시지는 상대방을 평가하고 판단한다. "당신은 무신경해."라는 표현과 "나는 화났어. 당신이 나를 친구들에게 소개하는 것을 잊어버려서."를 비교해보자. 미래 지향적인 I-메시지, 즉 "다음 번에는 친구들에게 나를 소개해주면 좋겠어."는 상대방의 더 나은 반응까지 끌어낼 수 있다.

I-메시지의 주된 힘은 두 가지 특성, 즉 '높은 정확도와 낮은 위협'에서 나온다. 내담자 그룹을 통해 나온 이야기는 You-메시지가 이 두 가지에 어떻게 취약한지를 보여준다.

숀은 공공장소에서 두 사람이 대화하는 것을 우연히 듣게 되었다. 첫 번째 사람이 고전적인 You-메시지로 말하기 시작했다. 그가 "당신이 틀렸어."라고 말하자 상대방이 즉시 "아니, 당신이 멍청한 거지."라고 맞받아치며 방어했다. 숀은 그때부터 분위기가 악화되기 시작했다고 설명했다. 이 소통에서 흥미로운 점은 숀이 들었던 2~3분 동안 '누가, 무엇을, 어디서, 왜, 어떻게'에 대한 언급이 없었다는 것이다. 다른 말로 하면 실제 정보가 전혀 나오지 않았다는 뜻이다.

You-메시지는 비난과 질책의 수단일 수는 있지만 효과적이지 않다. 게다가 You-메시지는 상대방에게 반격하게 만들고(당신이 멍청한 거야), 대화를 중단하게 만들고(당신하고 말해봐야 소용없어), 방어적(그건 잘 몰라)이 되게 한다.

아래에 기술된 I-메시지와 You-메시지 중에서 어느 쪽이 더 마음에 드는가?

**상황 1** 제인은 비서에게 메시지가 도달한 시간을 기록하게 했는데 비서가 그것을 깜박 잊었다.

**You-메시지** 너는 메시지 받는 것에 신경을 안 쓰는구나.

**I-메시지** 각각의 메시지 위에 그것이 온 시간을 기록해주면 고마울 텐데.

**상황 2** 밥은 질이 자신에게 물어보지도 않고 다른 커플과 함께 데이트할 계획을 세운 것을 알고 화가 나 있다.

**You-메시지** 너는 배려라고는 눈곱만큼도 없어. 내 생각 같은 건 중요하지 않니?

**I-메시지** 질, 나에게 먼저 물어보지도 않고 그런 계획을 세우면 난 정말 화가 나.

**상황 3** 제니는 다른 가족들과 함께 사용하는 차를 몰고 학교에 가서 집에 늦게 돌아왔다.

**You-메시지** 너는 너밖에는 안중에도 없니? 다른 가족들에게 어떻게 그렇게 무심할 수가 있어?

**I-메시지** 차를 몰고 나가서 늦게 오는 일이 두 번 다시 없었으면 한다. 네가 어디에 있는지도 궁금할 뿐더러 이런 상태로 있는 것이 화가 나.

**상황 4** 웨이트리스가 돈에게 주문하지도 않은 음식을 내온다.

**You-메시지** 아가씨는 내 주문을 엉망으로 받았군요.

**I-메시지** 주문에 실수가 있었던 것 같군요. 나는 페투치니가 아니라 에그플란트를 주문했어요.

## 압력

우리는 흔히 평범한 의사를 표현할 때나 자기주장을 할 때 필요 이상으로 압력을 준다. 내 지인인 카렌의 이야기를 통해 의사표현에서 압력의 중요성을 알려줄까 한다.

카렌은 여행으로 피곤해진 몸을 이끌고 동부 해안에서 샌프란시스코행 비행기를 탔다. 비행기에 있는 5시간 동안 카렌은 잠을 자거나 책을 읽으면서 시간을 보낼 생각이었다. 하지만 옆자리에는 카렌과 이야기를 나누고 싶어하는 승객이 있었다.

카렌은 "여행이 너무 피곤해서 오늘 이야기할 기분이 아니에요. 다른 때 같았으면 즐겁게 이야기를 나누었을 텐데요."라고 분명하게 의사를 표시하는 대신 암시를 하기로 마음먹고 상대방의 질문에 단답형으로 대답을 했다. 암시가 흔히 그렇듯 효과는 없었다. 시간이 지남에 따라 카렌은 점점 짜증이 났다. 마침내 카렌은 더이상 참지 못하고 폭발했다. "난 지금 이야기를 하고 싶지 않아요!"

즐겁게 잡담을 하던 옆자리 승객의 표정이 순식간에 굳어졌다. 그는 더이상 말을 하지 않았다. 하지만 카렌은 속이 후련해지기는커녕 죄책감을 느꼈다. 카렌은 잘 수도 없었고, 책을 읽을 수도 없었다. 더 나쁜 것은 이야기할 상대도 없었다. 카렌과 옆자리 승객이 한 소통의 최종 결과는 독단적인 시도에 흔히 나타나는 루즈-루즈(윈-윈의 반대말)였다.

카렌의 주장은 분명히 I-메시지였다. 하지만 카렌이 옆자리 승객에게 보인 반응은 깃털이면 족한 것을 곤봉으로 내려친 격이었다. 주장에 너무 많은 힘을 실었기 때문이다. 카렌이 난감해진 것은 말한 내용 때문이 아니라 말하는 방법 때문이었다.

대화에서 습득하기 가장 어려운 기술 중 하나가 가장 약한 레벨 1의 압력이다. 많은 사람들이 의사소통을 할 때 완전히 수동적이 아니면 매우 높은 압력의 레벨을 사용한다. 부드럽지만 명료한 주장인 레벨 1 압력을 완전히 무시한다.

만약 필요하다면 높은 레벨의 압력을 사용할 수도 있다. 그러나 아이러니하게도 대화에서 레벨 1 압력이 힘겨루기를 막기 때문에 가장 강력한 힘을 발휘한다. 다른 말로 하면 레벨 1 압력이 체면을 구기지 않고 반응하게 만든다. 그러다보면 상대방 또한 긍정적으로 반응하게 되고, 그 과정에서 현실성 있는 절충안이 얻어진다.

## 흐리게 하기

'흐리게 하기(Fogging)'는 마누엘 스미스(Manuel Smith)가 저서 『내가 행복해지는 거절의 힘(When I Say No, I Feel Guilty)』에서 사용한 용어다. 흐리게 하기는 대화에서 적극적인 응답자가 될 준비를 하게 만드는 대화기법이다. 누군가가 우리에게 메시지를 보내면 부정적인 메시지에 말려들거나 걸려들지 않고 스쳐지나 가게 해준다.

흐리게 하기는 상대방의 말에 동의하는 것도 아니고 반대하는 것도 아님을 간결하게 표현하는 것이다. 그것은 중립을 유지함 으로써 다른 사람의 판단을 비켜간다. 다른 사람의 의사를 방어 하거나 동의할 필요도 없고 걸려들 필요도 없다. 대신 자유롭게 자신의 메시지를 반복해서 주장하면 된다.

예를 들어 마크는 유럽 출장이 겉으로 보이는 것만큼 매력적 이지 않다고 판단해 보류하기로 결정했다. 그런데 주변 사람들 이 마크의 결정을 이해할 수 없다며, 자신들의 의견을 말하기 시 작한다. 다음은 주변 사람들의 언급에 마크가 할 수 있는 두 가 지 반응이다. 바로 흐리게 하기와 걸려들기다.

**판단의 의견** 마크, 넌 그런 기회를 놓쳐서는 안 돼. 다시 없는 절 호의 기회인지도 몰라.

**흐리게 하는 반응**  그것이 사실일지도 모르지만 이번에는 가고 싶
  지 않아.

**걸려드는 반응**  글쎄, 이것은 그렇게 좋은 기회가 아냐. 결국 나는
  늦게까지 일하게 될 거야. 관광할 시간도 그렇게 많지 않을
  거고.

**판단의 의견**  생각이 제대로 박힌 사람이라면 유럽에 공짜로 가
  는 거니까 갈 거야.

**흐리게 하는 반응**  그렇게 보인다고 해도 난 내 결정이 마음 편해.

**걸려드는 반응**  뭐라고? 내가 제 정신이 아니라고? 왜 네가 모든
  것을 안다고 생각해?


**판단의 의견**  당연히 네 아내는 이 출장을 꺼리지 않지?

**흐리게 하는 반응**  아내가 꺼려할 수도 있고 꺼려하지 않을 수도
  있지만 이번에는 내게 맞는 것 같지 않아.

**걸려드는 반응**  왜 내 아내가 날 통제할 거라고 생각해?


**판단의 의견**  장담하는데 네가 이 출장을 안 간다고 하면 사장이
  정말 화낼 거야.

**흐리게 하는 반응**  글쎄, 그럴지도 모르지. 하지만 나한테 무엇이
  최선인지를 생각해서 결정해야겠지.

**걸려드는 반응** 그렇게 생각해? 글쎄. 그럼 가야 할까 봐.


**판단의 의견** 넌 정말 바보같이 굴고 있어. 넌 가야 해.

**흐리게 하는 반응** 그럴지도 모르겠지만 이번에는 그냥 가지 않는

　　것이 낫겠어.

**걸려드는 반응** 내가 그곳에 가서 끔찍한 시간을 보내면 바보 같

　　겠지. 나는 혼자 여행하고 싶지 않아.


흐리게 하기는 마크가 방어적이 되거나 다른 사람을 공격하지 않으면서 자신의 의사를 유지하게 해준다. 핵심 단어, 즉 "○○지 모른다, 때로 ○○ 해 보인다."는 마크가 상대방의 주장에 동의하지도 않고 반대하지도 않는 필요조건을 충족시킨다.


# 내부 안내자가
# 움직일 때의 느낌


어느 날 밤에 대화를 하다가 내 친구인 존은 어떻게 자신의 힘으로 내부 안내자를 발달시키게 되었는지 설명했다. 하지만 그는 이미 실패라는 좋은 경험을 한 후였다.

존은 설명했다. "약 일 년 전에 난 요가를 하는 것이 좋겠다는 생각을 했어. 나는 일주일에 나흘 동안 매일 한 시간씩 다양한 요가 동작을 연습한다는 목표를 세웠어. 첫째 주에는 목표를 달성했어. 그다음 주에는 바빴고 당장 급한 일을 해야 했어. 그래서 사흘만 했어. 나는 포기하지 않고 빼먹은 날은 그다음 주에 닷새를 해서 보충하겠다고 나 자신과 약속했어. 글쎄 그런데 그다음 주에도 바빴어. 이번에는 연습할 시간이 사흘밖에 없었어. 이때 나는 '젠장, 지옥에나 꺼져버려!' 라고 생각했어."

몇 달 후에 존은 새로운 방법으로 접근했다. 요가에 대한 부정적인 경험을 한 뒤였기 때문에 임의적 목표와 판단에서 강요된 자아를 떼어놓고 감정에 더 섬세한 배려를 했다. 존은 심판자를 안내자로 전환시켰다. 다시 말해 자신에게 자신의 좋은 부모나 좋은 친구 역할을 하게 했고, 실수하고 실패하는 인간적인 약점을 허용했다.

존은 다른 목표인 달리기에서 이 전환에 성공했다. 이번에는 자신에게 매일 달리지 않아도 괜찮다고 했고, 몸에 무리가 갈 정도로 멀리 나가지 않아도 되며, 트랙 위에서 뛰는 사람들과 경쟁하지 않아도 된다고 했다.

"물론 때로 경쟁심이 들기도 해." 존은 말을 이었다. "누군가가 내 앞을 지나가면 속도를 높여야 할 것 같은 생각이 들어. 그

것이 괴롭긴 하지만 나한테 맞는 속도로 달리는 것이 괜찮다고
말해. 내게는 내 방식대로 달리는 게 제일 잘 어울린다고 상기시
켜. 그 결과 나는 6개월 동안 달리고 있어. 여전히 즐기고 있지.
하루에 5Km까지 달려도 전혀 중단할 생각은 없어."

핵심 결론은 이것이다. 당신의 내부 안내자가 움직인다. 당신
이 환경과 감정을 객관적으로 고려할 때, 단계를 작게 하고 풍부
한 보상을 적용할 때, 주장의 틀 구조 내에서 움직일 때 당신은
최고로 긍정적인 느낌을 받을 것이다. 그 순간 당신은 잠재력을
발휘할 수 있는 능력이 증가하는 것을 경험한다. 심판자의 공허
한 명령과 대조적인 내부 안내자는 당신에게 긴장으로 가득찬
외줄타기에서 내려와 성공으로 통하는 실행할 수 있는 길로 안
내하며, 긍정적인 행동 전략을 제시해준다.

더 인정받지 않아도 괜찮아!
더 완벽해지지 않아도 괜찮아!
**더 강해지지 않아도 괜찮아!**

Chapter 8

# 자기지지를 방해하는 장애물을 극복하자

어김없이 앞을 가로막는 이차방어선 • 자기지지의 틈새를 비집고 들어오는 조종자 • 언제나 부족하다고 느끼게 하는 헛된 자존심

# 어김없이 앞을 가로막는
# 이차방어선

우리는 부정적인 테이프를 긍정적인 것으로 바꾸기 시작했다. 이제 학대하는 내부 동료에게서 벗어나고 있는 것이다. 그러나 바로 이 순간 조심하고 또 조심해야 한다. 죄수가 탈출에 거의 성공하려는 순간 경비가 갑자기 나타나 막는 것처럼, 어떤 무엇이 우리 앞을 가로막을지 모른다.

삶의 토대였던 엄격한 구조물에 금이 갔다고 모든 것이 해결된 것은 아니다. 곧 우리 앞에 강요된 자아의 경고와 비난이라는 장애물이 나타난다. 판단의 벽을 구성하는 벽돌들이 "반드시 후회하게 될 걸."이라는 비판적인 일침으로 우리를 신랄하게 자극하며, 이전의 위치로 서둘러 돌아가도록 유혹한다.

샐리는 친구의 부탁을 거절하고 두려운 선입견에 사로잡혔다. 샐리는 자신이 '무신경하고' '이기적'이라는 생각으로 갈피를 잡지 못한다. 밥 역시 마찬가지다. 밥이 옥상의 의자에서 느긋하게 긴장을 풀고 있는데, 갑자기 휴식을 방해하는 심판자가 다가왔다. "넌 게을러." "넌 쓸모가 없어." "왜 일 없이 이러고 있어?"

오래된 판단의 구조물을 떠받치는 벽돌이 낡은 메시지를 들고 나타나면, 그것을 길 가장자리로 던져버리고 가던 길을 계속 가면 된다. 비록 그 메시지에 다시 귀를 기울이고 옛날 행동으로 돌아간다고 하더라도, 이미 당신은 새로운 자각을 한 후다.

샐리가 가끔씩 자신의 감정에 거스르며 친구의 부탁을 들어주기로 결정했다고 해도 그 비용을 정확히 인지하고 있고, 자신이 선택할 수 있는 것임을 알고 있었다. 비록 샐리가 이런 과정을 여러 번 반복한다고 할지라도 자신을 이롭게 해야 한다는 내부의 신념은 계속 굳건하게 쌓아갈 것이다.

새롭게 형성된 태도와 자기 메시지 또한 이차방어선(반발 반응)을 불러온다. 자신이 매력적이지 않다고 믿고 있는 리자를 보자. 실제로 많은 남자들이 리자를 좋아하는 것처럼 보이고, 한 남자는 리자에게 반해 있기까지 하다. 하지만 리자는 이렇게 말하며 물러났다. "난 자신을 속이고 있을 뿐이에요. 이 관심은 아무런 의미가 없어요. 달리 받아들이는 것은 바보 같은 짓이에요. 나는 위험을 감수할 수 없어요."

　리자의 자아확인은 수많은 부정적인 자기낙인을 불러왔다. 리자는 긍정적으로 받아들이고 생각하려는 자신이 어리석다고 여겼고, 자신을 속이는 것이라고 생각했다. 남자의 관심은 리자에게 '의미 없는 것'이었다. 리자의 긍정성 확인 또한 파국을 유도했다. '만약 네가 이런 분별없는 판단을 믿는다면 결국 너만 상처받고 실망할거야.' 부정적인 라벨의 집중포화에 불안해진 리자는 결국 '난 매력적이지 않아.'라는 우울한 믿음에서 효과적으로 빠져나가지 못했다.

　우리 문화에는 자기지지의 반대 방향으로 움직이는 방해자들이 차고 넘친다. '거만한' '주제 넘는' 같은 라벨이 우리의 자아확인을 질책한다. 긍정적인 정보를 받아들이고 즐기는 데 매우 '현실적'이거나 '이지적'이어야만 자랑스럽게 여긴다. 긍정적인 성취를 하면 운에 공을 돌린다. "운이 좋아서 합격한 거야."라는 말처럼 말이다. 부정적인 결과의 책임은 당연히 자신이 되돌려 받는다. 객관적으로 비교하고 비판적으로 정밀 조사를 하는 일은 거의 없다.

　이차방어선과 싸우는 것은 일차방어선 때만큼 힘들다. 하지만 과정은 다르지 않다. 새로운 자기 메시지를 벌하는 부정적인 라벨과 파국에 도전해야 한다. "나 자신에게 무슨 말을 하고 있니?" "이것이 도움이 되니?" 등의 기타 질문이 일차방어선을 타결하고 앞으로 나아가게 한 것처럼, 이것들이 두 번째 장애물도 지나갈 수 있도록 해줄 것이다.

다음의 예는 이차방어선이 작용하는 방식을 조명하고 그것의 영향력을 무력화시킬 수 있는 대안을 제시한다. 자신이 주장하고 싶은 긍정적인 자기 메시지, 혹은 자신에게 해주기를 원하는 허용을 생각해보자. 지지의 자기대화에 해로운 영향을 미치는 이차방어선을 인식해보자.

**자기지지** 난 이 분야를 공부하는 것이 싫어. 나 자신에게 기회를 주었지만 내 감정은 이것이 내게 맞지 않다고 말하고 있어. 그것을 내려놓고 새로운 분야를 찾아보는 것도 괜찮아.

**이차방어선** 지금까지 잘해왔는데 새삼스럽게? 넌 그냥 게으른 것뿐이야. 이런 식이면 아무것도 끝까지 하지 못해. 중도 포기자가 되는 거야.

**대안** 잠깐만. 나는 이 분야를 공부하기 위해 열심히 노력했는데 결과적으로는 아니었어. 난 어떤 것도 포기한 적이 없어. 나 자신에 대해 뭔가를 알게 된 것뿐이야. 이제 다른 대안을 찾아볼까 해. 더이상 나 자신에게 시간 제약을 두지 않을 거야.

**자기지지**  나 자신을 유능한 작가로 여기는 것도 괜찮아. 내가 지
원한 지원금을 받든 못 받든.

**이차방어선**  중요한 것은 최종 결과야.

**대안**  아니. 내 가치는 다른 사람의 의견에 달려 있지 않아. 지원
금을 받지 못한다면 여러 가지 이유가 있겠지. 열 사람 중
한 사람에게만 주는 거니까. 난 그것을 나 자신의 가치와
결부시키지 않을 거야.


**자기지지**  어제 발레 공연에서 나와 데이트를 하고 싶어하는 사
람을 만났어. 내가 생각보다 매력적인가 봐.

**이차방어선**  오, 그건 그 사람이 그냥 해본 말이야. 절대 전화하지
않을 걸.

**대안**  잠깐. 그건 잘 모르는 거잖아? 실제로 그렇지 않다고 해도
난 그 사람과 대화하는 것이 좋았고 그의 관심이 좋았어.
난 그 감정을 즐길 거고 기회가 되면 빠져볼 거야.


**자기지지**  내가 남편을 위해 했던 좋은 일도 많았어. 아내로서 완
전히 실격은 아니었어.

**이차방어선**  그건 사소한 것들에 불과하잖아. 별로 중요하지 않은
것들이야.

**대안** 잠깐. 내가 했던 긍정적인 것들을 인정하는 것은 괜찮아.

다른 사람에게 그런 것처럼 나 자신에게도 공평할 거야.


## 자기지지의 틈새를
## 비집고 들어오는 조종자


가끔씩 이차방어선은 자기지지 대화라는 새 와인을 통과라는 낡은 병에 다시 집어넣으려고 한다. '완벽해라, 서둘러라, 다른 사람을 만족시켜라, 강해져라, 열심히 노력해라' 조종자들은 자기지지가 초기에 완전하지 못할 때, 혹은 부정적인 자기대화가 빨리 사라지지 않을 때 틈새를 비집고 들어온다.

리즈가 지난주에 자신을 위해 했던 모든 지지행동을 말하기 시작했을 때 매우 흥분한 것처럼 보였다. 하지만 리즈는 스트레스가 심하다고 털어놓았다.

나는 리즈에게 빈 의자에 자아를 앉히고 그것이 어떻게 스트레스를 주었는지 보여달라고 했다. 리즈는 부정적인 메시지를 천천히, 하지만 분명하게 드러내기 시작했다. "너는 왜 그렇게 느리니? 뭘 해야 될지 알 때도 있지만 모를 때도 있어. 좀더 열심히 노력해야 해."

리즈는 즉시 그 스트레스의 원천을 알았다. 세 조종자, 즉 '서둘러라, 완벽해라, 열심히 노력해라'가 여전히 개입하고 있었고, 자기지지를 하려는 리즈의 새로운 결정을 방해하고 있었다. 이 조종자들이 리즈의 의식 레이다망 아래에서 스텔스기처럼 움직이면서 에너지와 열정을 끌어내리고 있었다.

리즈는 빈 의자로 가서 이렇게 맞받았다. "나한테 맞는 속도로 좀 가게 해줘. 이 모든 압력이 날 완전히 지치게 해. 그냥 내가 갈테니 날 좀 내버려 둬." 방백처럼 리즈는 말했다. "이건 내 어머니의 목소리예요. 내가 아무리 열심히 해도 어머니를 만족시킬 수는 없었어요."

낡은 판단의 습관이 자기지지를 무력화시키는 일은 드물지 않게 일어난다. 판단의 틀과 성장의 틀은 공존할 수는 없다. 둘 다를 이롭게 하는 것은 불가능하다.


## 언제나 부족하다고 느끼게 하는 헛된 자존심

자기지지 발달의 마지막 장애물은 정신분석가 카렌 호니가 '헛된 자존심'으로 지칭하는 것이다. 우리는 강요된 자아의 기대와 요구를 내려놓기를 거부한다. 기대만으로도 자기 증오에서 구원 받을 수 있을 것처럼 보이기 때문이다. 호니는 우리가 일찍부터 유명하고 성공하고 부유하고 박수받는 사람이 되려고 결심하고, 그렇게 되기 위해 진정한 바람과 잠재력을 외면한다고 말한다. 우리는 자신이 무가치하고 부적절하고 사랑받지 못한다는 느낌을 받은 정도만큼 이상적인 이미지로 우리 자신을 재창조할 필요를 느낀다.

여기에 있는 기본 믿음은 "내가 이런 존재, 혹은 저런 존재가 되어 이루고 성취할 수만 있다면, 나는 괜찮은 사람이 될 것이다."다. 이것은 박사학위를 따는 것에서 연봉 5억 원을 버는 것까지, 또 부유한 남자와 결혼하는 것에서 괜찮은 사회적 그룹에 속하는 것까지 다양하다.

그런데 불행하게도 자신의 가치를 외적인 것에 두는 사람들은 언제나 뭔가가 부족하다. 외적인 것만을 토대로 하는 자부심, 혹은 자기존중감은 내재된 자아의 지지를 받지 못한다. 괜찮은 사회적 그룹에 소속되는 것이 지겨울 수도 있고 스트레스로 이어질 수도 있다. 연봉 5억 원은 건강이라는 비용을 치르게 할지도 모르고, 고립과 때 이른 죽음을 불러올 수도 있다.

헛된 자존심이 이토록 완강한 것은 강요된 자아의 표준을 유지하고 따르면 상을 받고, 그렇게 하지 못하면 벌을 받는다는 신념 때문이다. 우리는 열심히 노력하기만 하면 그토록 바라던 이상적 인간이 될 수 있다고 자신에게 말한다. 이상적 인간이 되면 다른 사람들이 우리를 다시 볼 것이고, 삶이 우리를 특별하게 대우할 것이라 생각한다.

하지만 강요된 자아의 요구와 제안을 충족시킬 수 없다는 암시는 그 어떤 것이라도 분노와 마주친다. "나는 반드시 다른 사람 위에 있어야 돼. 그리고 그렇게 될 거야!" "나는 대단한 어떤 일을 해야 해. 지금 하고 있는 것만으로 충분하지 않아."

이안 플레밍(Ian Fleming)은 인간의 이런 갈망에 힘입어 수많은 사람들이 삶의 모델로 삼는 환상적인 이상형 제임스 본드를 창조했다. 비디오 게임의 영웅들은 상처받기 쉬운 고립자들에게 전지전능한 힘으로 이 세상을 끝없이 통제할 수 있는 기회를 준다. 그러나 이것은 생존 경쟁, 거부, 제한된 성공이 존재하는 진짜 세계에 대한 회피일 뿐 결코 도달할 수 없는 환상이다.

판단 모델의 덫에 갇힌 사람들에게 환상은 유일한 도피수단처럼 보인다. 하지만 탈출 방법은 있다. 먼저 우리 자신을 이상적인 이미지로 재창조하지 말아야 한다. 그렇게 하지 않으면 우리는 있는 모습 그대로의 자신을 결코 인정하고 존중하고 사랑할 수 없다.

강요된 자아의 표준에 비춰보면 언제나 부족한 부분이 있기 때문에 "잘했어!"라고 말할 수 없다. '오늘 정말 성공적이었어!'는 '내일은 이렇게 할 수 있을까?' 하는 걱정으로 빛을 잃을 것이다. 진정한 성장 단계는 '다른 사람이 이미 한 거야.'라는 냉소 앞에서 무너질 것이다. 전지전능한 힘, 박학다식함, 완벽한 사랑의 상은 결코 얻을 수 없다. 잘 알려진 격언처럼 "완벽은 양호함의 적"이다. 결국 완벽함을 요구하는 것은 삶의 좋은 것들을 파괴하고 만다.

더 인정받지 않아도 괜찮아!
더 완벽해지지 않아도 괜찮아!
**더 강해지지 않아도 괜찮아!**

Chapter 9

# 성적 문제에서도
# 자기대화는 필요하다

섹스를 둘러싼 부정적인 내부 명령들 • 성적 흥분을 막는 두 가지 방해자 • 원치 않는 성적 행동에 "No"라고 말하자 • 성적 문제에 다섯 단계 지침 적용하기

## 섹스를 둘러싼
## 부정적인 내부 명령들

- 발기가 될까?

- 발기 상태를 유지할 수 있을까?

- 파트너를 만족시킬 수 있을까?

- 오르가즘을 느낄 수 있을까?

- 섹스를 원하는 것일까?

- 섹스를 거부하면 파트너가 화를 낼까?

- 내게 뭔가 문제가 있을까?

- 내가 정상일까?


삶의 모든 측면에 스며 있는 바로 그 비판적인 초점이 성(性)에도 영향을 미칠 수 있다. 자연스러운 반응에 만족하지 못하는 사람은 더 좋고 더 오래 지속되고 더 강력한 반응을 원할지도 모른다. 그런데 역설적이게도 이러한 바람은 오히려 타고난 성적 능력을 방해한다. 자연적인 기능 위에 '이것을 해야 해. 그리고 하지 말아야 해.' 라는 짐이 올려진 것이다.

마스터스(Masters)와 존슨(Johnson)에 따르면, 성기능의 가장 잘 알려진 방해물은 수행불안이다. '완벽해라, 서둘러라, 강해져라, 다른 사람을 만족시켜라, 열심히 노력해라' 명령이 불안을 유발한다. 이 조종자들이 개입하면 성관계는 개인의 남성성 혹은 여성성의 성능을 시험하는 장이 된다. 그것은 자기가치를 결정하는 최종 척도가 되는 것이다. 섹스의 핵심 요소인 성적 흥분과 욕구가 끼어들 자리가 없는 것은 전혀 놀랍지 않다.

성적 흥분을 약화시키는 일등 공신은 단연 '완벽해라' 조종자다. 이 '완벽해라' 조종자는 성적 접촉이 언제나 성교로 이어지기를 요구한다. 조종자는 섹스를 하는 내내 100%의 오르가즘을 요구할지도 모른다. 어쩌면 멀티 오르가즘을 기대할지도 모른다.

'완벽해라' 가 불러온 간섭하는 자기대화는 단지 본인의 성욕에만 초점을 맞추지 않는다. 그것은 파트너의 불완전성에도 초점을 맞춘다. 빌은 섹스를 할 때마다 사라가 오르가즘을 느끼기를 원한다. 하지만 그렇게 되지 않으면 자신이 무능하다는 느낌이 들어 자신에게 화가 나고 사라에게도 화가 난다. 사라는 빌이 노력하는 것을 보고 기대에 부응해 오르가즘을 느끼려고 해보지만, 그렇게 하면 할수록 더 큰 좌절감과 어려움만 맛본다.

사라의 자기대화는 혼란 그 자체다. "내가 오르가즘을 느끼게 될까? 뭐가 잘못된 거지? 내게 왜 이런 문제가 생긴 거지? 절망적이야. 앞으로도 안 될 거야. 어쩌면 거짓으로 반응을 보여야 할지도 몰라. 빌은 매우 노력하고 있는데, 기분 나쁘게 해서는 안 돼." 사라의 자기대화 속에 있는 이런 불안은 그녀가 긴장을 풀고 성감을 느낄 수 없게 만든다. 사라는 자신의 성적 흥분 정도를 모니터하는 구경꾼으로 전락한다.

빌의 자기대화 역시 사라에 대해 비판적이다. 빌은 비난을 외부로 돌리는 경향이 있다. "젠장, 빌어먹을! 사라에게 무슨 문제가 있는 거지? 왜 내 여자친구는 불감증인 걸까? 이보다 더 나을 법도 한데. 난 제대로 하고 있어."

빌의 압박에 사라 자신의 압박이 더해지면서 부정적인 내부 환경이 조성되고 사라는 성적 흥분을 느낄 수 없게 된다. 빌은 '완벽해라'에 자극을 받고 있고, 사라 역시 '다른 사람을 만족시켜라'의 지배를 받고 있다. 만약 사라가 자아가치의 기준을 빌을 만족시키는 것에 두지 않으면 빌의 '완벽해라'에 영향을 덜 받을 것이고, 훨씬 더 자유롭게 자신을 표현할 것이다.

당신도 사라 같은 여자인가? 파트너를 만족시키려고 애쓰면서 정작 자신의 성적 즐거움은 애써 눌러버리는가? 아무리 좋은 의도에서 나왔다고 해도 이것은 문제를 해결하기보다 오히려 더 악화시킨다. 불안이 무기력으로 이어지고, 이것이 한층 더 심한 불안으로 이어져 부진의 악순환에 빠져든다.

대부분의 섹스치료는 성의 기능적인 문제가 있는 커플에게 성교를 금지한다. 마스터스와 존슨이 개발한 감각집중훈련은 애무 중에 성기의 자극을 금한다. 성공, 달성, 오르가즘에 초점을 맞추지 않고 느긋하고 압박 없이 성적 만족을 얻게 한다. 따라서 '완벽해라' 조종자의 힘이 감소된다.

한 사람이 받는 동안 다른 한 사람이 주는 구조로 되어 있는 성적흥분훈련은 '서둘러라, 열심히 노력해라, 다른 사람을 만족시켜라' 조종자들의 작동 스위치를 꺼버리는 것을 도와준다. 어떤 프로그램은 일정한 간격으로 성기를 자극하지 않고 성적 만족감을 얻게 한다. 처음에 이 간격(예를 들면 20분)은 지속적으로 '서둘러라' 조종자의 요구를 받고 있는 두 사람에게 엄청나게 길게 느껴질지도 모른다. 하지만 이러한 감각집중훈련은 성행위 완수에 대한 요구, 압박, 불안감에서 해방되어 감각적이고 느긋하게 생각하고 느끼는 기회를 갖는다는 데 의미가 있다.

치료과정의 일부인 '새로운 허용'은 판단의 '○○해야 한다

(should)' 시스템을 차단하기 위해 필요하다. 우리가 이미 앞에서 본 것처럼 'OO해야 한다' 시스템은 수치, 허세, 두려움의 상황에서 사실적 근거 없이 전해지기 때문에 현실과 괴리가 있다.

이런 잘못된 지침이 어떤 폐해를 낳는지 베르니 질베르겔드(Bernie Zilbergeld)가 자신의 저서 『Male Sexuality(남성의 성욕)』에서 언급하기도 했다. 질베르겔드는 아무리 정상적이고 건강한 남자라도 섹스는 어떠해야 하고, 섹스할 때 어떻게 행동해야 하는지 등의 룰에 얼마나 엄격하게 집착하는지 말한다. 또 남자들이 도구, 수행, 만족감을 측정할 때 비현실적인 슈퍼 인간을 표준으로 삼기 때문에 영원히 승산 없는 상황을 만든다고 말한다. 아무리 잘한다고 하더라도 그들이 학습한 표준과 비교해보면 신통치 않은 것이다.

남자들이 이런 판단을 따르는 것은 전통적인 남성 역할의 일부인 '완벽해라, 강해져라'와 같은 성취 요구에 응하는 것과 같은 선상이다. '약하고, 부적절하고, 남자답지 못한' 등의 방해자 라벨이 부드러운 감정을 막는다. 질베르겔드가 저서에서 말하는 '통념'은 잘못된 판단이 성적 행동에 미친 영향이다. 이 통념은 많은 조종자, 방해자, 혼란자로 인한 것이다.

**통념 1 _ 남자는 감정을 가지지 말아야 한다**

남자는 감정을 가지지 말아야 한다. 아니, 적어도 표현하지 말아야 한다. 감정이란 약함, 혼란, 두려움, 여림, 다정함, 연민, 육욕 같은 것이다.

당연히 관련 조종자는 '강해져라' 다. 만약 이것이 의심스러우면 내가 던지는 질문을 잘 생각해보자. "어떤 마초 영화의 남자 주인공이 여성에게 '좀 껴안자.' 라고 말하는 것이 상상이 되나요?" 껴안는다는 말은 전통적인 남성 이미지와 어울리지 않는다. 하지만 애정이나 성장을 위한 접촉하고 싶은 욕구는 인간의 중요한 욕구다. 당연히 이 '강해져라' 조종자는 많은 여성들에게 박탈감을 준다. 여성들은 접촉, 껴안음, 어루만짐이 충분하지 않다고 불평한다. 흔히 남자들은 신체접촉 그 자체에 의미를 부여하지 않고 성교의 전주곡으로만 여긴다.

**통념 2 _ 섹스에서 가장 중요한 것은 수행이다**

이 통념에서 또 한 번 섹스는 즐거움보다 성취의 대상이다. '열심히 노력해라'와 '완벽해라' 조종자는 섹스를 일로 바꾼다.

섹스를 "얼마나 자주, 얼마나 오래 하는가?"의 문제로 수행 불안을 느끼는 한 남성에게 섹스 치료사가 한 말이 아직도 기억난다. "회계장부 기입자가 아닌, 연인이 되는 데 초점을 맞춥시다."

### 통념 3 _ 섹스는 남자가 책임지고 주도해야 한다

이 통념에 따르면 남자는 어떤 경우에도 수동적이어서는 안 되며, 오직 '열심히 노력해라'와 '강해져라' 조종자의 요구에만 충실해야 한다. 다시 섹스는 일이 된다. 결정권을 쥔 남자는 보살핌과 자양분을 얻을 권리를 박탈당한다. 물론 여성 파트너도 인정받지 못한다.

만약 남자가 언제나 책임자 자리에 있어야 한다면 다음 차례로 여자가 그의 성적 의사를 받아들여야 한다. 당연히 그녀의 성적 주장이 허용되지 않는다. 이런 유연성 없는 규칙은 불가피하게 힘겨루기를 하게 만든다.

### 통념 4 _ 남자는 언제나 섹스를 원한다.

남자는 언제나 섹스를 원하고, 언제나 섹스를 할 준비가 되어 있어야 한다는 통념의 조종자는 '완벽해라'와 '강해져라'다. 이 통념은 인간의 성적 흥분에 영향을 미칠 수 있는 수많은 내적·외적 요인들을 무시한다. 발기부전의 많은 경우가 이런 믿음과 부정적인 경험에서 생겨난다. 대개 그런 경험은 성적 흥분에 필요한 조건이 충족되지 않는다는 사실을 확인시킬 뿐이다. 이 조건은 남녀 모두에게 내가 끌리고, 내게 끌리는 파트너, 안전한 상황, 수용적인 분위기, 외적인 걱정과 고민에서의 해방이다.

'완벽해라' 외줄타기는 남자가 "오늘 밤 섹스하고 싶지 않아." "너무 많이 먹고 마셨어." "그냥 당신 곁에 있고 싶어."라고 주장하는 것을 허락하지 않는다.

## 섹스를 둘러싼 나머지 통념들

통념 5는 "모든 신체적 접촉은 섹스로 이어져야 한다." 통념 6은 "섹스는 성교와 같은 말이다." 통념 7은 "좋은 섹스는 흥분해서 오직 오르가즘으로 끝나는 직선형 진행이다."다.

통념 5, 6, 7은 이분법적 사고와 '완벽해라' 조종자의 결합을 근거로 한 것이다. 섹스는 100% 성교로 정의된다. 혹은 어떤 사람에게는 성교를 통한 오르가즘으로 정의된다. 그렇지 않으면 실패다. '그 전에 오는 것'을 의미하는 '전희'라는 말은 이 통념에서 나온 흥미로운 부산물이다. 그것은 성교를 제외한 다른 모든 성적 행동이 불완전한 것이라는 생각을 강화시킨다.

남자들은 성교시에 클라이맥스에 이르는 장애물을 정복하는데 온 신경이 집중되어 있어, 정작 많은 여성들이 성적 수행보다 소통과 따뜻함에 가치를 두고 있음을 깨닫지 못한다. 대부분의 여성에게는 질 속 삽입이 반드시 성적 만족에 도달하는 최적의, 혹은 유일한 수단이 아니다. 남성은 발기하지 않아도 여성을 흥분시킬 수 있다. 하지만 앞에서 말한 판단의 구조 내에서 발기가 없는 섹스는 섹스가 아니다.

이 통념에서는 여성도 공범자다. 릴리안 루빈(Lillian Rubin)의 『Women of a Certain Age : The Midlife Search for Self(어떤 나이의 여자들 : 자아를 찾는 중년 여자들)』이라는 책에서 몇몇 중년 여성들은 남편이 자신들의 욕구를 충족시켜주지 못할 것 같다는 두려움으로 성욕을 누른다는 것을 인정했다. 각각의 경우 섹스는 오직 성교로 정의되었다. 여성들은 동반자가 발기를 하고 유지하지 못할까봐 매우 조심스러워했다.

여성들의 성에 좋지 않은 영향을 미친 요인으로는 해로운 통념과 자기대화가 있다. 흔히 여성들에게 지배적인 '다른 사람을 만족시켜라' 조종자는 그녀들에게 남성의 쾌락과 만족에 초점을 맞추게 했다. '거세' 혹은 '들이댄다' 같은 낙인은 여성이 성적 욕구를 주장하지 못하도록 효과적으로 억눌렀다. 여성의 성에 관련된 통념 중 하나는 여성은 오직 성교를 통해서만 오르가즘에 도달할 수 있어야 한다는 것이다.

대부분 그렇듯 '어떠해야 한다.'고 가르치는 것은 반드시 그렇지 않다. 로니 가필드 바바츠(Lonnie Garfield Barbach)는 저서 『For Yorself(너 자신을 위해)』에서 이 통념을 이렇게 수정했다. "심리학적 사실에 근거해보면 많은 여성들에게 성교가 오르가즘 포인트에서 성적 흥분을 하도록 제대로 된 곳에 제대로 된 자극을 주는 것 같지 않다."

자신들의 욕구보다 남성의 욕구에 근거해 섹스를 해야 한다는 '통념' 또한 여성에게 부정적인 영향을 미쳤다. '다른 사람을 만족시켜라' 조종자는 많은 여성들에게 자신의 감정보다 파트너의 욕구를 우선시하도록 압박한다. 거절에 대한 두려움이나 자신들이 쑥맥, 티저(역주 _ 유혹하면서도 몸은 허락하지 않는 여자), 불감증 환자처럼 보일지 모른다는 우려는 많은 여성들, 특히 젊은 여성들에게 준비가 되기도 전에 성적 행동을 하게 만든다.

같은 맥락에서 바바츠는 "성은 남성에게만큼 여성에게 필요한 것은 아니다."와 "남성의 성욕 해소가 여성들의 성욕 해소보다 중요하다."는 통념 역시 우리 사회에 퍼져 있음을 지적한다. 여성은 파트너의 성적 느낌을 과대평가하고 자신의 성적 느낌을 과소평가한다.


## 성적 흥분을 막는
## 두 가지 방해자

좀더 강하게 성적 수행을 하라는 압력의 한쪽에는 성적 즐거움을 방해하는 수많은 금지어가 나란히 자리해 있다. 이 메시지는

"하지 마."다. "즐기지 마, 성적 욕구를 드러내지 마, 주도하지 마, 소통하지 마, 감정을 드러내지 마, 상처받기 쉬운 부분을 드러내지 마." 등.

말할 필요도 없이 이 메시지에서 파생된 부정적인 자기대화는 성적 흥분을 방해한다. 이 방해자가 개입하는 두 가지 주요 요인은 성적 주장과 자신의 성욕에 대한 인정이다.

## 섹스와 자기주장

성적 소통 문제에서 방해자들은 위력적인 존재감을 드러낸다. 성적 친밀감이 증가함에 따라 거절, 비판, 못마땅함에 대한 두려움도 따라서 증가한다. 만약 당신이 섹스중에 감정, 특히 정체를 알 수 없는 감정과 불안감을 파트너와 자유롭게 공유하지 못하면, 아무리 그것을 한쪽으로 밀쳐놓으려고 해도 사라지지 않는다. 아니 오히려 더 증가한다. 표현하지 못한 이 부정적인 감정들이 성적 흥분에 장애물이 된다.

버켈리 섹스치료그룹(Berkeley Sex Therapy Group)의 치료사인 버나드 아펠바움(Bernard Apfelbaum)과 마틴 윌리암즈(Martin Williams)는 사람들이 성접촉중에 경험하는 감정의 목소리를 노출시키도록 도와준다. 이것은 "너무 좋아요!" 같은 사회적 이상과는 다른 감정이다. 치료에 사용하는 이런 일련의 '대본'은 각 개인이 성교중에 경험한 감정을 기술한 것으로 이루어져 있다. 그것들은 일단 발음되어 나오면 비슷한 감정이 다시 일어날 때 음성으로 표현할 수 있도록 기록한다.

섹스치료의 구조를 직접 경험해본 사람들은 성경험 중에 이런 솔직한 감정의 표현이 친밀감과 성적 흥분으로 이어지는 것을 자주 발견한다. 특히 부정적인 감정을 부인하거나 완벽한 성교의 순간을 포착하느라 에너지를 소모할 때 말이다.

"정말 내 몸을 깨우는 데 희망이 없는 것 같아요."나 "어찌할 줄 모르겠어요."와 같은 말은 소외감과 거리감이 있던 공간을 친밀함과 성적 흥분으로 채운다. 치료 환경에서 이런 부정적인 표현은 공격이나 징벌이 아닌 친밀함에 대한 긍정적인 바람으로 비춰진다.

다음의 목록은 버컬리 섹스치료그룹이 성적 문제를 치료할 때 사용했던 대본의 일부다. 이 주장에 들어 있는 친밀함의 수준에 주목해보자.

- 나는 당신이 어떻게 느끼는지 궁금해.
- 몸이 단절되어 접촉하고 있지 않은 느낌이야.
- 외롭다는 느낌이 들어.
- 내가 이 틀에서 나오도록 당신이 좀 도와줬으면 좋겠어.

- 나는 어찌할 줄을 모르겠어.

- 이렇게 느끼다니 당치도 않아. 터무니없어.

- 난 잘못할까봐 두려워.

- 난 당신이 지루해할까봐 두려워.

- 내가 뭔가를 해야 될 것 같은 느낌이 들어.

- 당신이 초조해할지도 모른다는 걱정이 들어.

- 당신이 나를 어루만지는 동안 접촉하고 싶어.

- 너무 절망적인 느낌이야

　부정적인 감정이 일어날 때 즉시 표현해야 소통이 이루어진다. 그것은 친밀함을 증가시키고 즉각적으로 반응을 해준다. 만약 찰스가 더 높은 흥분을 느꼈을 때 모린이 남겨지는 느낌을 받는다면, 그 순간에 모린이 느낀 고립감을 알려주는 것이 중요하다. 이후에는 모린의 소외감을 되돌리기 위해 할 수 있는 것이 아무것도 없기 때문이다.

　남녀관계에서 성적 레벨과 정서적 레벨이 언제나 일치하는 것은 아니다. 우리 사회는 성적 장벽이 정서적 장벽보다 더 쉽게 뚫린다. 그래서 남자와 밤을 보낸 여자가 다음날 그에게 전화하는 것을 어색하게 느낄지도 모른다.

　표준 방해자, 즉 최악의 상황을 예측하는 파국, 부정적인 자기

낙인, 엄격한 요구는 때로 최소한의 주장조차 금지시킨다. 이런 위치에 있는 여성은 정서적으로는 남자와 피상적인 수준에 있지만 성적으로는 매우 친밀한 수준에 있다.

심지어 서로만을 바라보는 커플조차도 성과 관련해 친밀하게 소통하지 못하는 경우가 다반사다. 상당수의 여성들이(남자들이) 오르가즘을 가장한다는 사실은 친밀한 표현이 막혀 있음을 보여준다. 『The Hite Report(하이트 리포트)』는 응답 여성들의 1/3 이상이 오르가즘을 가장한다고 답했다.

베르니 질베르겔드는 "남자들이 발기를 가장할 수는 없지만 오르가즘을 가장하는 경우는 있다."고 말했다. 하지만 그들이 주로 가장하는 것은 자신들의 감정이다. 그들은 자신감이 떨어질 때조차 자신만만한 척한다. 모르면서도 아는 척, 불안하면서도 편안한 척, 관심이 없으면서도 관심 있는 척, 즐겁지 않으면서도 즐거운 척. 이런 속임수는 오르가즘의 문제건, 감정의 문제건 간에 질책이나 거절을 피하려는 바람, 만족시켜줄 필요, 파트너의 감정을 상하게 할지 모른다는 두려움, 성경험을 좀더 빨리 극복하려는 바람이 반영된 자기주문 '○○해야 해' '○○하지 마'에서 나온다.

물론 그런 속임수로 인해 잘못 전달된 정보는 파트너에게 모든 것이 괜찮다는 추정을 하게 만든다. 이것은 적절한 성적 흥분에 필요한 조건을 충족시킬 기회를 앗아간다. 섹스치료의 토대가 되는 많은 쾌락 훈련들이 '솔직해도 괜찮아.'라고 말하는 틀 구조를 제공한다. 호불호를 나누는 것도 괜찮다. 감정을 주장하는 것도 괜찮다. 모든 것을 알지 않아도 괜찮다. 이런 메커니즘이 필요한 것은 상대적으로 판단 포지션의 힘이 얼마나 강한지를 보여준다.

## 자신의 성욕에 대한 인정

자신의 신체를 인정하고 성적 존재로서 자신을 수용하는 것 또한 성적 흥분에서 매우 중요하다. 부정적인 경험으로 자기 신체를 즐기지 않는 사람이 있을지도 모른다. 〈플레이보이〉지의 완벽한 누드 사진과 매체의 성행위 이미지가 그렇지 않아도 엄격한 '완벽해라' 조종자의 초점을 더 비판적으로 날카롭게 깎아놓았을지도 모른다. 부정적인 낙인과 파국이 들어 있는 불안감과 징벌의 목소리가 언제나 존재할지도 모른다.

리네트는 폐경기가 지나자 자신을 더이상 여자로 보지 않았다. 자신의 성적 이미지를 '불완전한' 것으로 보았지만, 그것이 성에 부정적인 영향을 미친다는 것을 깨닫고 부정적인 낙인을 내려놓았다. 리네트는 몇 년 만에 다시 오르가즘을 느꼈다.

『For Yourself(너 자신을 위하여)』라는 책에서 바바츠가 오르가즘을 느껴보지 못한 여성에게 제안하는 것 중 하나가 전신거울 앞에 서서 자신의 몸을 자세히 보고 손으로 신체를 탐색하는 것이다. 이 단계 후에 이어지는 세부 프로그램은 여성과 그녀의 파트너가 그녀 특유의 성적 반응에 대해 알고 편안함을 느끼는 것이 목적이다.

이런 허용은 남자들에게도 중요하다. 일반적으로 남자들에게 성적 방해물이 더 적다고 하지만 더 감각적인 문제가 있다. 예를 들어 얼마나 많은 남자들이 거품 목욕을 하거나 새틴 시트 위에서 자는 것을 편안해하는지 생각해보자. 마스터스와 존슨의 감각집중훈련은 성기 부위를 제외한 신체를 자극해 성적 즐거움을 얻는 것도 괜찮다고 말한다. 이것은 접촉을 오직 성교의 신호로 인식하는 남자들에게 새로운 경험이다. 당연히 이런 감각집중훈련과 허용은 성적 흥분을 강화시킨다.


## 원치 않는 성적 행동에 "No" 라고 말하자

원치 않는 성적 행동에 "No"라고 할 수 있어야 섹스에 진정으로 자유롭게 "Yes"라고 말할 수 있다. 젊은 세대일수록 성적으로 능동적이어야 한다는 생각이 강하다. 'No'를 강요하는 사회적 구속이 줄어들고 있기 때문이다.

성적인 시도를 꺼리는 여성들에게 '쑥맥'이라는 낙인이 붙는다. 젊은 내담자들은 성적으로 빨리 친밀해지지 않으면 사회적으로 추방당할지도 모른다고 두려워한다. 이것은 비록 정식으로 사귀는 커플이라고 해도 '들이대는' '값싼' 같은 낙인이 두려워 섣불리 표현하지 못한 이전 세대와 완전히 대조적인 모습이다.

성을 너무 일찍, 너무 많이 경험하는 것은 젊은 여자들뿐만 아니라 젊은 남자들에게도 해롭다. 성이 일회용 상품이 되고, 즉석에서 사용된 후 바로 폐기된다. 타인에 대한 냉담한 시각 역시 이런 잘못된 친밀성과 만족에서 나온 것이다.

우리에게 가장 중요한 것은 자신의 가장 깊은 직관에 귀를 기울이고 신뢰를 보내는 것이다. 우리는 진정한 감정과 단순한 충동 반응의 차이를 이해하는 법을 배워야 한다. 내재된 자아에서 우러난 감정은 성적 친밀감을 터놓을 때 보호되고 자양분이 된다. 약물이나 알코올에 취하는 것은 충동을 조절하는 능력을 잃게 만들 뿐이다.

이런 간단한 질문이 도움이 될 것이다. "차를 몰고 가는 것이 나의 어른 자아일까? 나의 아이 자아일까?" 술에 취하는 것은 정서적인 키를 아이에게 넘겨주는 것이다. 그 일반적인 결과는 정서적인 충돌이다. 낯선 사람과 성관계를 맺는 것은 순간적으로 모험심을 자극할지 모르지만 비극으로 통하는 지름길이다. 우리 내부의 안내자는 아이를 보호하는 부모 역할을 해야 한다.


## 성적 문제에
## 다섯 단계 지침 적용하기

다음의 예에서 다섯 단계 지침을 세 가지 보편적인 성적 관심사에 적용한다. 첫째는 오르가즘을 느끼기 위한 압력이고, 둘째는 수행불안이며, 셋째는 "No"라고 말하는 것의 두려움이다.


### 외부 압력에 대처하기

사라는 오르가즘에 대한 압박을 받는다. 빌의 기대에 부응하고 싶지만 성적 흥분이 감소하는 것을 느낀다. 그래서 자신의 감정을 분명히 하는 방법으로 다섯 단계 과정을 거친다.


**1단계** 자신에게 무슨 말을 하고 있지?

**대답** 내게 문제가 있을지도 모른다고 말하고 있어. 빌은 날 도와주려고 애쓰고 있어. 나는 빌에게 부정적인 말을 할 수가 없어. 빌이 언짢아지는 것을 원치 않아. 내가 더 열심히 노력할 거야."

**2단계** 나의 자기대화가 도움이 되니?

**대답** 글쎄, 그런 것 같지 않아. 긴장감을 느껴. 빌이 나한테 화가 많이 난 것처럼 보여. 오르가즘을 가장할 수도 있었지만 이전에도 그래본 적이 없어. 그렇게 하고 싶지도 않고, 이 모든 것을 전적으로 내 잘못으로 여길 필요까지는 없어. 빌이 화를 내기 전에 내 반응은 괜찮았어.

**3단계** 조종자, 방해자, 혼란자가 개입하고 있니?

**대답** 나는 빌을 만족시키기 위해 애쓰고 있어. 빌도 나를 만족시키기 위해 노력하고 있고. 오르가즘을 느껴야 한다고 야단법석만 떨지 않았어도 괜찮을 거야.

**4단계** 내가 할 수 있는 허용과 자아확인은?

**대답** 빌의 감정을 그만 배려하고 내가 원하는 것을 말해도 괜찮아. 오르가즘을 느끼려고 애쓰지 말고 자연스럽게 반응해도 괜찮아.

**5단계** 내가 할 수 있는 행동은?

**대답** 글쎄, 처음에는 빌에게 이야기할 거야. 그다음에는 그가 어떻게 반응하는지 지켜볼 거야. 우리 사이에 여전히 문제가 있다면 섹스치료사와 상담할 거야.

## 성 수행불안에 직면하기

마이클은 자신의 성 수행능력에 대해 매우 불안해한다. 그런 우려 때문에 여성들과의 모든 관계를 끊었다.

**1단계** 나 자신에게 무슨 말을 하고 있지?

**대답** 발기가 되지 않을지도 모른다는 걱정을 털어놓을 수 없다고 말하고 있어. 왜냐하면 그런 말을 하면 여자들이 나를 거부할 거야. 나는 이 문제를 극복할 때까지 데이트를 하지 않을 거라고, 내가 남자로서 부족하다고 말하고 있어.

**2단계** 자기대화가 도움이 되니?

**대답** 글쎄, 나는 고립감과 우울감을 느껴. 지옥이 따로 없어. 별로 도움이 되지 않는 것 같아.

**3단계** 개입하는 조종자, 방해자, 혼란자는?

**대답** '강해져라'야. 나한테 문제가 없었으면 좋겠어. 특히 성적인 문제로 말이야. 아직 여자와 감정을 공유해본 적이 없지만, 여자가 나를 이해하지 못할 거라고 생각해. 난 내가 남자가 아니라고 낙인 찍고 있어.

**4단계** 나 자신에게 어떤 허용과 자아확인을 해줄 거지?

**대답** 감정을 가지는 것도, 표현하는 것도 괜찮다고 하고 싶어. 내 감정은 내가 그들을 좋아하든 좋아하지 않든 존재하는 거야. 내가 침대에서 대단한 남자가 아니라도 어떤 여자는 나를 좋아할 거야. 아마 내가 이런 잡다한 문제에 초점을 맞추지만 않아도 남자 구실은 할 수 있을 텐데. 지금은 치료를 받고 있어. 아마 어떤 여자는 나를 기꺼이 도와주려고 할 거야.

**5단계** 내가 어떤 행동을 할 수 있을까?

**대답** 데이트를 시작할 수 있다고 생각해. 한동안은 성관계에 대해서는 잊어버릴 거야. 만약 내가 정말 좋아하는 여자를 만나면 내 문제를 말해주고 그녀의 반응을 지켜봐야지. 전혀 희망이 없는 건 아니야. 나를 압박하는 것을 잠시 내려놓고, 별것 아니라도 내가 하고 싶은 걸 할 거야."

## 성적 요구에 저항하기

에미는 제레미와 데이트를 하러 나갔다. 에미는 정말 제레미를 좋아하고 알고 싶어한다. 제레미는 에미에게 자신의 아파트에 가보지 않겠느냐고 묻는다. 에미는 자신이 편치 않음을 느끼기 시작한다. 에미는 제레미가 무엇을 기대하는지는 모르지만 자신을 거절하는 것도, 자신이 우려를 제기하면 주제넘는다고 생각하는 것도 두렵다.

**1단계** 나 자신에게 무슨 말을 하고 있지?

**대답** 내 생각을 말하면 멍청해 보일 것이라고 말하고 있어. 제레미는 자신이 아무것도 한 것이 없는데 내가 자신을 비난하고 있다고 생각할거야.

**2단계** 나의 자기대화가 도움이 될까?

**대답** 아니. 속이 거북해지고 있어.

**3단계** 개입하는 조종자, 방해자, 혼란자는?

**대답** 만약 내 생각을 말하면 모든 것이 끝장날지 모른다고 파국을 걱정해. 나는 나 자신을 멍청이라고 불러. 부정적인 낙인이지. 제레미가 부정적으로 반응할 거라고 추정해.

**4단계**  나 자신에게 어떤 허용과 자아확인을 해줄 거지?

**대답**  내 느낌을 표현해도 괜찮아. 나는 비난하려는 것이 아니라 단지 확인하려는 것뿐이니까. 만약 제레미가 내가 원하는 사람이라면 긍정적으로 반응할 테고, 그렇지 않다면 하루 라도 빨리 정리하는 것이 좋을 거야.


**5단계**  나는 어떤 조치를 취해야 할까?

**대답**  제레미에게 말할 거야. '너의 아파트에 가면 네가 무엇을 기대하는지 몰라서 마음이 조금 편치 않아.' 라고. 그리고 제레미가 대답하는 것을 듣고 판단할 거야.


이제 성과 관련된 부정적인 자기대화를 살펴보자. 당신은 판단 포지션인가, 성장 포지션인가?


**판단 포지션**  성은 목표가 있어야 한다. 긴장 감소, 출산, 정력 확인 등. 따라서 성은 성교와 오르가즘으로 연결되어야 한다.

**성장 포지션**  성감은 그 자체로 유효한 경험이며 반드시 쾌락으로 이어지지 않아도 된다.


**판단 포지션**  성적 경험은 부정적인 감정을 불러오면 안 된다. 만약 그럴 가능성이 있으면 털어놓지 마라. 외로움, 슬픔, 연약함을 억눌러라.

**성장 포지션** 어떤 감정을 느끼더라도 자유롭게 받아들이고 표현하지 않으면 성적 경험은 성장을 위한 자양분이 되기보다는 관계를 소원하게 만든다.

**판단 포지션** 문제가 생기면 한쪽에 제쳐둘 수 있어야 하고 상대방과의 관계가 어떤 상태에 있든 성적 흥분을 할 수 있어야 한다.

**성장 포지션** 어떤 사람들에게 문제를 제쳐두는 것은 불가능하다. 성감은 고립되어서 존재하지 않는다.

**판단 포지션** 파트너를 잘못 이끄는 일이 없도록 자신이 성교에 관심이 있는지 미리 알아야 한다. 표를 사기 전에 완전한 거리를 가기를 원한다는 것을 분명히 하라.

**성장 포지션** 자신의 감정을 존중하고 그것이 한쪽으로 밀려나지 않도록 거절해도 괜찮다. 중단하고 싶은지 계속 가고 싶은지 성경험중에 결정해도 괜찮다. 성은 특정한 목적지로 기차를 타고 가는 것이 아니라 다른 사람에게 성적 표현을 하는 것이다.

**판단 포지션** 당신은 언제나 섹스를 할 준비가 되어 있어야 하고 수행할 수 있어야 한다.

**성장 포지션** 남자와 여자 모두 "No"라고 말할 권리가 있다. 섹스는 소통이다. 섹스중에 감정을 표현해도 괜찮다.

**판단 포지션** 파트너에게 무엇이 자신을 만족시키는지 말해서는 안 된다. 자신이 파트너를 만족시키는 제대로 된 방법을 알아야 한다.

**성장 포지션** 호불호의 소통은 남자와 여자 모두에게 필수적이다. 정해진 방법은 없다. 사람들마다 즐기는 것이 다르며, 이것은 매일매일, 심지어 시시각각 달라진다. 자기 성욕의 유일한 전문가는 자기 자신임을 기억하는 것이 중요하다.

더 인정받지 않아도 괜찮아!
더 완벽해지지 않아도 괜찮아!
**더 강해지지 않아도 괜찮아!**

# Chapter 10

# 분노를 유발하는 자기대화

분노를 유발하는 조종자, 방해자, 혼란자 • 분노를 유발하는 메커니즘, 신경증적 권리주장 • 분노에 끼얹는 두 가지 기름, 부정적인 낙인과 분노 쌓아두기 • 타인에 대한 평가를 왜곡시켜 분노를 일으키는 혼란자 • 절대 화를 내지 말라는 것이 아니다

## 분노를 유발하는
## 조종자, 방해자, 혼란자

한 남자가 자동차를 몰고 시골길을 달리던 중 타이어에 펑크가 났다. 안타깝게도 그 남자는 잭(역주 _ 자동차 타이어를 갈 때처럼 무거운 것을 들어올릴 때 쓰는 기구)이 없어 타이어를 갈 수 없었다. 하지만 농가를 지나온 다음이었기 때문에 자신감에 찬 목소리로 이렇게 자신을 안심시켰다. '별 문제 아니야. 저 농가에 사는 사람들에게 잭을 빌리면 돼.' 그는 그렇게 생각하고 농가로 걷기 시작했다.

몇 걸음 가지 않아 그는 다시 생각하기 시작했다. '여기 사람들이 얼마나 너그러울지 좀 의문이 생기는군. 결국 그들 손에 달렸으니. 난 잭이 필요한데 주위에 아무도 없잖아.' 그는 조금 더 걸어가다가 이렇게 덧붙였다. '잭을 빌리는 데 분명히 돈을 내라고 할 거야. 난 낯선 사람이니 당연히 최대한 이득을 보려고 할 걸.' 그는 그렇게 생각하며 농가에 다가가 문을 두드리면서 마지막 추정을 했다. '분명히 바가지를 씌울 거야.'

이때 한 남자가 윗층 창문 밖으로 몸을 내밀며 무뚝뚝한 목소리로 물었다. "무엇을 도와드릴까요? 손님?"

"개뿔도 필요 없소." 그는 화가 나서 대답했다. "내 목숨이 위태하다 해도 당신한테는 절대 도움을 받지 않을 거요."

이 농담은 농부의 천연덕스러운 대꾸가 공격을 유발했다는 데 웃음코드가 있다. 남자의 분노는 온전히 자기 내부에서 발생한 것이다. 여러분은 이 희안한 과정이 전혀 낯설게 느껴지지 않을 것이다. 이것은 분노가 우울처럼 어떻게 자기 발생적(self-generated)인지를 잘 보여준다. 분노가 우울보다는 나은 감정이라고 해도 함양해야 할 정서는 아닌 것이다.

『Type A Behavior and Your Heart(타입 A의 행동과 심장)』의 저자인 프리드먼과 로젠맨은 분노가 행동하기 위한 심리학적 준비를 어떻게 하는지 다음과 같이 기술한다. "만약 우리가 어떤 현상에 강하게 분노하면 시상하부가 즉시 교감신경의 모든 신경 종말에 신호를 보내 긴장하게 한다. 이것은 많은 양의 에피네프린과 노르에피네프린을 분비시킨다. 게다가 분노는 시상하부를 통해 모든 뇌분비샘을 관장하는 뇌하수체에 부차적인 메시지를 전달한다. 그것은 자체적인 호르몬(성장호르몬 같은)의 분비를 촉진하고 부신, 성기, 갑상선, 췌장에 연이어 화학적 신호를 보내 호르몬을 분비하게 한다. 분노가 만성적이 되면 관상동맥질환으로 이어질 수도 있다." 흥미롭게도 이런 분노를 유발하는 것은 조종자, 방해자, 혼란자다.


## 분노를 유발하는 메커니즘, 신경증적 권리주장

정신분석가 카렌 호니는 분노를 유발하는 메커니즘을 기술할 때 '신경증적 권리주장'이라는 용어를 사용했다. 이 권리주장은 다른 사람에게 '○○해야 해'를 요구한다. '서둘러라, 완벽해라, 강해져라, 다른 사람을 만족시켜라'와 같은 요구는 자신뿐만 아니라 타인에게도 할 수 있다. 흔히 비난을 외부로 돌리는 사람들이 타인에게 권리주장을 하는 경향이 강하다. 예수가 산상 설교에서 던진 질문에도 이것이 잘 나타난다. "왜 당신 형제의 눈에 있는 작은 점은 보면서 자신의 눈에 있는 대들보는 보지 못하는가?"

우리는 흔히 가장 가까운 사람들에게 가장 가혹하게 권리주장을 한다. 이것은 가장 가까운 남편, 아내, 아이들이 우리 자신의 확장이라고 여기기 때문이다. 그들의 행동이 우리 자신을 반영한다고 믿기 때문에 우리의 'OO해야 해'를 그대로 적용하는 것이다. 역설적으로 가까운 가족이나 친구를 비판자의 시선으로 바라보는 것은 사랑하는 사람을 낯선 사람들보다 더 나쁘게 대하는 결과를 낳는다.

역할과 관련된 권리주장은 가장 가까운 사람들이 우리가 판단하는 대로 움직여야 한다고 생각하는 경향에 근거해 있다. 친밀한 사람의 행동을 비판적인 시선으로 바라보는 것은 결혼생활의 기대로 인한 것이건, 내부에 있는 'OO해야 해' 시스템의 외적 투사로 인해서건, 궁극적으로 관계를 파괴한다.

예를 들어 파트너에게 '완벽해라'라고 권리주장하는 것은 계속 흠을 찾게 할 것이다. "왜 하루 종일 집에 있을 거라고 했지? 내가 전화 걸었을 때 없었잖아." "그런 샐러드 오일을 사지 말았어야지. 돈을 낭비하고 있어."처럼 말이다.

동반자에게 이런 말을 거침없이 하는 것은 자신의 분노가 매우 정당하다는 믿음 때문이다. 판단의 권리주장인 "당신은 완벽해야 해."는 "당신은 모든 것을 내가 원하는 대로 해야 해."로 풀이된다. 권리주장의 두드러진 특징은 상대에 대한 아량이 부족하고 실수를 용납하지 않는다는 것이다. 이것은 결국 상대방에게 외줄타기를 하라는 말이다. 변화, 자발성은 물론이거니와 단순한 감정의 공간조차 허락하지 않는다.

시간이 흐르면서 그런 지나친 요구를 받는 상대방은 반발하고, 팽팽한 사슬을 끊고 반격하다가 결국 관계를 단절시킬지도 모른다. 아니면 내재된 본능의 자유로운 신호를 따르지 않고 침묵시위를 할지도 모른다. 침묵시위는 엄청난 내부 혼란이 동반된다. 내재된 자아는 말없이 물러서지 않는다. 하지만 이런 경우에 외부의 도움 없이 다른 사람의 파괴적인 권리주장에서 자신을 구하는 것은 쉽지 않다.

왜 우리는 다른 사람의 권리주장을 받아들일까? 왜 자유롭게 거부하지 못할까? 이 문제는 겉으로 보이는 것만큼 간단하지도 쉽지도 않다.

예를 들면 많은 사람들이 경제적인 문제의 덫에 걸려 있다. 남편의 권리주장에 맞서 싸우는 것은, 이혼의 두려움과 싸우는 것이며 경제 문제와 싸우는 것이다. 남편이 아내의 권리주장을 받아들이지 않으면, 가족 내에 혼란이 생기고 자녀가 그 피해자가 될지 모른다.

우리가 다른 사람의 권리주장을 완전히 거부하지 못하는 데는 또 다른 이유가 있다. 다른 사람이 요구하는 것이 우리의 '강요된 자아'가 요구하는 것과 완전히 다르지 않기 때문이다. 자책하는 경향이 강한 사람은 책임을 외부로 전가하는 사람이 비난하면 기꺼이 받아들일 것이다. 그는 상대방의 비난이 사실적 근거가 있건 없건 곧이곧대로 받아들인다. 그는 내부 조종자들 때문에 다른 사람의 권리주장에 더 취약한 상태가 되어 있다.

이런 내담자들은 타인의 부정적인 판단을 비판적으로 평가할 수 있는 능력이 생기면 상당히 향상된다. 클라리사가 마침내 이렇게 말한 것처럼 말이다. "난 제임스가 말하는 것을 더이상 그대로 받아들이지 않아요. 나는 제임스를 최종권한을 가진 존재로 보지 않을 거예요. 그래서 결과적으로는 논쟁을 하게 되더라도 그렇게 기분 나쁘지 않아요."

당연히 권리주장은 가족들뿐만 아니라 낯선 사람에게도, 사업 관계자에게도, 대중적인 인물에게도, 호니의 언급처럼 삶 그 자체에도 제기할 수 있다. 그것은 단지 가족 구성원이나 친밀한 관계에 국한되지 않는다. 세상에 대한 기대 또한 분노와 실망을 유발할 수 있다.

권리주장을 하는 사람들은 모든 것이 자기 방식대로 되어야 한다고 생각하고, 그것을 기대한다. 토스트가 탔을 때, 교환수가 콜을 차단했을 때, 버스를 놓쳤을 때 적절한 수준 이상으로 분노하고 광분하는 사람을 본 적이 있는가? 이 분노는 세상이 자신을 적절하게 대우하지 않는다는, 즉 세상이 자신을 결함 있는 짐짝으로 취급한다는 믿음에서 나온 것이라고 해도 과언이 아니다.

〈Psychology Today(심리학 오늘)〉과의 인터뷰에서 스트레스 연구가 라자루스(R. S. Lazarus)는 이렇게 말한다. "사람들이 사소해 보이는 것 때문에 화를 낸다면, 사소한 그것이 그들에게 엄청난 의미가 있는 어떤 것을 상징하고 있기 때문이다. 신발끈이 끊어질 때 심리학적인 스트레스가 생기는 것은 우리가 자신의 삶을 제대로 통제하고 있지 못하다는, 그래서 가장 사소해 보이는 별것 아닌 일 앞에서 무력하다는, 더 나쁘게 말하면 그런 일들이 무엇보다도 자신의 무능함에서 비롯된다는 자기 암시 때문이다."

심리학적 스트레스는 권리가 있는데도 거절당할 때 생긴다. 여기서 키워드는 '권리 있는'이다. 권리주장과 소원이나 바람의 중요한 차이는 바로 권한이다. 모든 것이 순조롭게 돌아가기를 바라는 사람은 바라는 대로 되지 않으면 단지 실망감을 느낄지 모르지만, 권리주장을 하는 사람은 자기 뜻대로 되지 않으면 분노를 느낀다. 그 바탕에는 자신에게 권리주장을 할 권한이 있다고 믿기 때문이다.

다음의 권리주장 목록은 이 '권리의 느낌'을 알려줄 것이다. 각각의 권리주장이 다른 사람들의 권리·감정·한계를 어떻게 배려하지 않는지 주목해보자.

- 나는 내가 어떻게 행동하더라도 일급 대우를 받을 권리가 있다.

- 나는 체중을 줄이는 등 어떤 큰 변화를 할 필요가 없다.

- 나는 즉시 답신 전화를 받을 권리가 있다.

- 나는 피임을 고민할 필요가 없다.

- 나는 필요 이상으로 노력하지 않아도 봉급이 인상되어야 하고 승진이 되어야 한다.

- 나는 인간관계의 이점을 무제한으로 누려야 한다.

- 내 아이들은 내가 말하는 대로 해야 한다.

- 내 배우자는 나와 우선순위가 같아야 한다.

- 내 배우자는 말하지 않아도 내가 원하는 것을 알아야 한다.

- 나는 당신의 시간과 돈에 대한 권리가 있다.

- 나는 기다리지 않아도 된다.

- 나는 힘들기 때문에 일을 내 방식대로 진행해야 한다.

- 나는 힘들기 때문에 면제받아야 한다.

- 나는 남자이기 때문에 설거지를 해서는 안 된다.

- 나는 여자이기 때문에 운전을 하지 않아도 된다.

- 나는 자신을 바꾸기 위해 노력할 필요가 없다.

- 나는 부모이기 때문에 아이들에게 명령할 수 있다.

- 내가 너에게 뭔가를 요구하면 너는 응해야 한다.

- 다른 차들이 내 진로를 방해해서는 안 된다.

- 너는 내가 하라는 대로 해야 한다.

- 너는 내 문제를 해결해야 한다.

- 내 배우자는 오직 나에게만 관심을 쏟아야 한다.

- 모든 것이 완벽하게 돌아가야 한다.

- 나는 비판의 대상이 되어서는 안 된다.

- 날씨가 내게 맞춰야 한다.

- 내 친척들은 내게 재정적인 지원을 해줘야 한다.

- 나는 원하는 것을 얻기 위해 의사표현을 하지 않아도 된다.

- 내가 필요한 것이 있으면 최고로 좋은 것을 얻을 권리가 있다.

- 다른 사람들은 내가 하라는 대로 해야 한다.

- 나는 특별한 사람으로 대우받아야 한다.

- 내 기분이 나쁜 것에 대해 내게 책임을 묻지 말아야 한다.

- 경제적 여유가 있건 없건 나는 내가 원하는 것을 가져야 한다.

- 내가 술을 마시고 어떤 행동을 하건 당신은 그것을 마음에 담지 말아야 한다.

- 나는 성취감을 주지 않는 일을 하지 않아도 된다.

- 나는 연체된 청구서에 붙은 이자를 지불하지 않아도 된다.


오늘날 우리 사회에 만연한 이 권리주장들은 전문가들이 '권리의 심리학'이라고 일컬을 정도다. 〈US New and World Report〉

기사 '노동자들의 새로운 계급'에 Work in America Institute의 대표 제롬 로소우의 말이 인용되었다. "새로운 노동자들 세대와 그들의 자녀들은 경제 호황의 영향을 받았다. 그들은 이것을 당연하게 인식했다. 지금 그 기대가 권리가 되었다." 게다가 〈US News〉의 기사에 따르면 "현재 미국 노동자들은 많은 급료를 받고 많은 특권을 누리지만, 지금처럼 직업에 불만이 많은 경우는 역사상 없었다."

이 권리의 심리학은 대학 1학년생인 빌에게도 예외가 아니다. 빌은 자연과학 필수과목인 생물학이 낙제 직전이다. 단지 공부를 하지 않았기 때문이었다. 빌이 공부를 하지 않은 것은 권리주장을 하고 있기 때문이다.

"난 그 교수를 참을 수가 없어요." 이것이 빌의 첫 번째 해명이었다. "그는 마치 우리를 바보 취급해요. 그리고 매일 많은 과제를 내주고 자신이 시키는 대로 했는지 일일이 확인해요. 이것이 내가 그 과목을 잘하지 못하는 이유예요. 나는 그렇게 엄격하게 관리받을 나이가 아닌 엄연한 대학생이에요. 적어도 성인 대우를 받아야 한다고 생각해요. 내가 매일 밤 무엇을 하든 교수가 상관할 바가 아니죠. 그는 초등학교 선생님처럼 행동하지 말아야 해요."

빌의 에너지는 모두 자신이 생각하는 '어떠해야 하는가'로 향해 있다. 빌은 분노하고 좌절하며 불공정하고 시대에 뒤떨어져 보이는 교수법에 절대 굴복하지 않겠다고 결심했다. 자신이 원하는 방식으로 지도해주는 흥미로운 강의자를 요구할 권리가 있다고 생각하는 것이다. 하지만 빌이 알아야 될 것은 이 기대의 결과로 가장 고통받는 사람은 교수가 아니라 빌 자신이다.

내가 빌에게 내부 권리주장을 변화시키고 싶은지 물었을 때, 빌은 그 과목에서 낙제하는 것을 원치 않기 때문에 고려해볼 생각이 있다고 말했다. 빌의 자기대화는 이렇게 이루어졌다.

**1단계** 자신에게 무슨 말을 하고 있지?

**대답** 브라운 교수가 내준 과제물을 하려고 자리에 앉을 때면 나는 나 자신과 싸움을 시작해. 나는 나 자신에게 말해. '우스꽝스러워. 이 과제를 한다고 배우는 것이 있는 것도 아닌데. 브라운 교수는 괴짜에다 엄격한 그저 그런 교수야. 내가 왜 이런 것을 참고 견디며 과제를 해야 하지?' 대개 이런 식으로 책을 덮고 라디오를 켜거나 내 친구에게 불평을 해.

**2단계** 자신에게 말하는 것이 도움이 되니?

**대답** 말한다고 내 과제가 저절로 되는 것은 아니잖아. 어떤 변화가 있지 않고서는 이 과목에서 좋은 성적을 받지 못할 거야. 별로 도움이 되는 것 같지 않아.


**3단계** 조종자, 방해자, 혼란자는?

**대답** 나는 많은 라벨을 쓰고 있어. 만약 I-메시지로 말하면 이
래. 브라운 교수가 내주는 과제를 하기 싫어. 나는 학교생
활이 언제나 흥미로운 것이어야 하고 교수는 보통 수준 이
상이어야 한다고 권리주장을 해. 또 다른 라벨도 있어. 브
라운 교수와 관련해서는 내 발등을 내가 찍은 셈이야.


**4단계** 나 자신에게 줄 수 있는 허용과 자아확인은?

**대답** 부정적인 감정을 가지는 것은 괜찮지만 할 건 해야 해. 나
는 좋은 학생이야. 좋은 성적을 받을 수 있어. 지금까지 하
지 않았던 것을 해보는 것도 괜찮아. 이 세상이 날 완벽하
게 대우할 필요는 없어.


**5단계** 내 안내자가 하는 말은?

**대답** 브라운 교수나 과제를 좋아하지 않아도 괜찮아. 하지만 그
래도 과제는 할 필요가 있어. 나 자신에게 화내는 것을 멈
추면 과제하는 시간이 더 넉넉해질 거야. 다음주까지 내야
하는 리포트를 시작하는 것으로 실천할 수 있어.

앞의 대화에서 빌은 '흥미로운 선생님의 가르침을 받을 권한이 있다.'를 권리주장하면서 브라운 교수에게 많은 부정적인 라벨(괴팍하고, 엄격하고, 그저 그런)을 붙였다. 이런 라벨은 반감과 적대감을 불러일으킨다. 그것을 흔히 분노를 일으키는 방해자라고 부른다.

## 분노에 끼얹는 두 가지 기름, 부정적인 낙인과 분노 쌓아두기

방해자들은 분노에 두 가지 방법으로 기름을 끼얹는다. 첫째는 타인에게 부정적인 낙인을 찍는 것이고, 둘째는 자기표현의 충동에 부정적인 낙인을 찍는 것이다. 둘째는 불가피하게 '분노 쌓아두기'로 이어진다. 외부낙인이나 내부낙인이나 결과는 똑같이 분노를 일으킨다.

### 외부낙인의 힘

우리는 일상의 많은 부분을 차지하는 외부낙인의 힘을 깨닫지 못하고 있다. 낙인은 주목받게 하는 효과가 있지만 동시에 위험한 단순성이 있다. 낙인은 수백만 명의 사람들을 동일한 반응을 하게 한다. 낙인을 붙임으로써 인간 삶의 복잡성과 독특한 개인의 차이가 가려진다. 부정적인 낙인은 분노, 시샘, 증오감을 불러온다(이것은 하나같이 편견의 주된 정서적인 요소들이다). 소수자, 다른 나라, 여성, 남성, 30세 이상, 어떤 특정 그룹 등의 낙인은 어떤 것이라도 카테고리에 있는 모든 구성원이 비슷하다는 오류를 만든다. 선전가들은 상대를 멀리하고 비하하는 데 부정적인 라벨의 힘을 최대한 활용한다.

우리가 매일 만나는 사람들도 다르지 않다. 누군가에게 부정적인 라벨을 붙이면 같은 효과가 발생한다. 그들을 멀리하고 비하할 수도 있다. 공공연한 의사소통에서건, 생각 속에서건 낙인은 상대방을 가혹한 판단의 틀 속에 가둔다. 라벨을 붙이는 즉시 그는 우리 마음에 들지 않는 어떤 구체적인 일을 한 사람이 아니라, 원래 게으르고 배려심 없고 지저분한 사람이 된다.

언젠가 한 워크샵에서 분노를 일으키는 자기대화를 처리하는 과정에 많은 사람들이 관심을 보였다. 징거가 자신을 소개한 뒤에 룸메이트인 트루디에게 감정이 많다고 이야기를 털어놓았다.

징거가 이야기를 시작했다. "구체적으로 말하면, 트루디와 저는 필요할 때 서로 아기를 돌봐주기로 했는데 트루디는 약속을 지키지 않았어요." 징거는 말을 이었다.

"내가 특별한 데이트가 있는 날 트루디가 아기를 봐주기로 했

어요. 주말 하룻밤은 내가 트루디의 아이를 돌보고 또 다른 밤에
는 트루디가 내 아이를 돌보기로 했죠. 트루디가 금요일에 아기
를 봐달라고 했기 때문에 토요일에는 당연히 트루디가 내 아이
를 봐줄 거라고 기대했어요. 하지만 토요일 오전에 트루디는 전
화로 내 아이를 돌볼 수가 없다고 말했어요. 나는 다른 사람을
찾는 데 애를 많이 먹었어요. 난 트루디에게 아직도 화가 나 있
어요. 몇 주가 지났는데도 말이죠."

징거의 상황을 듣고 나는 징거에게 분노를 유발하는 자기대화
를 바꾸고 싶은지 물었다. "예." 징거는 동의했다. "나는 이 감정
에서 벗어나고 싶어요."

징거는 이렇게 시작했다. "나 자신에게 무슨 말을 하고 있지?
트루디가 무신경하고 별나고 무책임하다고 말하고 있어. 전날 트
루디의 차가 정비소에 들어가 있었기 때문에 내가 트루디를 직장
에서 태워왔어. 그런데 트루디는 나를 그런 식으로 대한 거야."
다른 한편으로 방백자가 된 징거는 이렇게 덧붙였다. "이제 내가
죄책감을 느껴요. '넌 왜 그렇게 인정머리가 없어!' 라고요."

앞에서 나온 빌의 예에서 비난이 상대방에게 이동했다면, 이
번에는 본인에게 역으로 이동했다. 비난이 한 축에서 다른 축으
로 이동하는 것은 판단 포지션에서 유일하게 선택할 수 있는 대
안이다.

징거는 계속했다. "이것이 도움이 되니? 아닌 것 같아. 나는 이를 악물고 집 주변을 서성거리고 있어. 트루디와는 말하고 싶지 않아. 너무 화가 나서 그런 고민을 털어놓기도 싫어. 난 그냥 트루디가 나가줬으면 좋겠어."

"조종자, 방해자, 혼란자는? 한 가지는 알 것 같아. 내가 트루디를 직장에서 태워왔기 때문에 트루디가 토요일 밤에 아이를 보는 것으로 갚아야 한다고 말하고 있어. 나는 트루디에게 '완벽해라'를 권리주장하고 있어. 방금 다른 생각도 났는데 트루디에게 내 주장을 하고 내 감정을 털어놓아도 도움이 되지 않을 거라고 말해. 내가 내 주장에 '소용없어' 라벨을 붙여놓은 거지. 아무튼 내가 뭔가를 말한다면 오히려 일을 악화시킬 것 같은 느낌이 들어. 누가 알겠어? 아마 트루디도 내게 맞서겠지."

"자, 이제 네 번째 단계로 허용과 자아확인이야. 트루디는 나 이상으로 완벽할 필요가 없어. 또 토요일 밤이 내게 얼마나 중요한지 몰랐을 거야. 전체 그림을 보지 못했을 뿐이지. 그렇다면 트루디에게 내가 기대하는 것을 알려줄 필요가 있어. 내가 할 일은 그것뿐이야. 다음 다섯 번째 단계는 '어떤 행동을 할 계획이냐' 하는 건데, 아마 최종 결과는 트루디와 룸메이트 관계가 끝나든지, 아니면 오해가 풀리겠지."

이 예는 징거가 트루디에게 붙였던 부정적인 외부 낙인(무신경

한, 별난, 무책임한)이 분노를 유발했음을 보여준다. 징거의 행동에는 감정표출을 막는 방해자의 압력 또한 동시에 작용하고 있다. 감정표출의 금지는 이어서 설명하는 '분노 쌓아두기' 과정을 활성화시킨다.

### 내부낙인의 결과

분노 쌓아두기(gunnysacking)는 조지 바츠(George Bach)가 붙인 용어로 부정적인 감정을 마대자루에 계속 쌓아두면 언젠가 터진다는 개념이다. '분노 쌓아두기'는 높은 수준의 긴장과 적대감을 축적시킨다. 이 과정에 있는 사람들은 분노했던 사건들을 차곡차곡 쌓아 새롭게 바라보고 곱씹으며 분노의 모닥불에 연료를 공급한다. 그러다가 어느 날 갑자기 어떤 일을 계기로 걷잡을 수 없는 분노가 일어나는 것이다. 단지 그 사건만 원인인 것은 아니다. 그동안 그것과 결합되어 축적되었던 다른 모든 부정적인 감정이 동시에 들고 일어나는 것이다.

예를 들어 메리는 테니스를 치기로 한 날에 캔다이스가 약속 시간에 늦게 나타나자 분노했다. 그것은 이전에 열 번이나 넘게 테니스 라켓을 들고 캔다이스가 나타나기만을 기다렸던 상황을 상기시켰다. 메리는 그럴 때마다 남편이나 친구들에게 불평했지만 정작 캔다이스에게는 표현하지 않았다. '너무 고약해 보이지 않을까, 너무 까다로워 보이지 않을까?' 하는 부정적인 낙인에 대한 두려움 때문이었다. 결국 메리는 분노를 쌓아뒀고 마침내 폭발했다. 지금 캔다이스는 불가피하게 늦었기 때문에 메리의 침묵을 이해할 수가 없다.

'분노 쌓아두기'는 매우 흔한 과정이다. 대다수 사람들에게 '분노 쌓아두기'를 한 경험을 말하라고 하면 대개 어렵지 않게 끄집어낸다. 한 남자는 자신이 너무 많은 사람들을 대상으로 '분노 쌓아두기'를 해놓았기 때문에 어디서부터 없애야 할지 모르겠다고 말했다. 그는 "일단 '분노 쌓아두기'가 생기면 없앨 수는 있나요?"라고 물었다. 한 여성은 세상에서 제일 큰 분노 주머니와 세상에서 제일 좋은 기억 주머니를 가지고 있다고 고백했다. 그녀는 그속에 쌓아뒀던 모든 상처와 분노를 기억하고 있었다.

'분노 쌓아두기'는 이슈가 발생했을 당시의 감정이 제대로 처리되지 않았을 때 일어난다. 때로 그것은 전혀 문제가 되지 않을 것처럼 보인다. 하지만 표출되지 않은 감정은 절대로 사라지지 않는다. 보통 "별로 중요하지 않으니까."라는 말로 부인하며 어깨 너머로 던져버리고 지나가면 된다고 생각하지만, 표출되지 않은 감정은 도로 옆 아무도 치우지 않는 마대자루 속에 쌓이고 쌓인다. 그러다가 주체하지 못할 정도로 화가 치밀어오르고 더이상 배려받지 못한다는 생각이 한계를 넘어서면 마대자루가 터져버린다.

남자들에게 마대자루의 폭발은 흔히 격분으로 나타난다면, 여자들에게 마대자루의 분출은 폭포수 같은 눈물일지도 모른다. 하지만 대개 결과는 같다. 바로 당혹감, 죄책감, 자기징벌이다.

'분노 쌓아두기'를 막으려면 방해자를 없애고 자연스러운 자기표현을 허락하면 된다. 빨리 표현하지 않으면 좋은 타이밍을 놓친다는 생각으로 한계를 정할 필요도 없다. 그렇다고 자신을 표현할 좋은 타이밍을 찾는 데 3일, 3달, 3년이 필요한 것은 아니다. '엄격한 요구' 방해자의 '적절한 때가 되면'이라는 목소리는 오히려 '분노 쌓아두기'를 지원한다.

자기주장을 방해하는 내부 장애물을 해결하면 겉으로 아무 변화가 없는 것처럼 보일지 모르지만 감정과 태도에는 많은 변화가 일어난다. 한 내담자가 부정적인 감정의 목소리를 내는 방해자를 없애고 난 후 일이 얼마나 즐거워졌는지를 이렇게 기술했다. "이제 나는 스트레스를 별로 받지 않아요. 언제나 나 자신 속에 차곡차곡 쌓였던 격렬한 분노를 느낄 필요가 없거든요."

그리고 그는 한 번 더 생각한 후에 이렇게 말을 덧붙였다. "방금 깨달은 건데, 사실 같이 일하는 사람들은 전혀 바뀌지 않았어요. 하지만 더이상 그들 때문에 전전긍긍하지 않아요. 날 괴롭히는 것이 있으면 그냥 솔직하게 말해요. 바뀐 것은 바로 나 자신이에요."

마대자루를 제거하는 것은 우리가 감정에 오염되지 않고 상황을 있는 그대로 볼 수 있게 해줌으로써 분노를 감소시킨다. 자신의 상태가 맑게 유지될 때 자신과 타인에게 호감을 보여줄 수 있다.

## 내려놓기

애석하게도 주장이 통하지 않을 때가 있다. 바로 상대방이 완전히 문을 닫아버리는 경우다. 상대가 메시지를 받아들이지 않으려고 하는 것이다. 이런 경우에 주장을 해봐야 변화로 이어지지는 않는다. 이 냉정한 벽에 계속 머리를 박을 것인가? 답은 "No"이다. 하지만 두 번째 선택이 있다. 그것은 분노를 내려놓는 것이다.

내려놓는다는 것은 말처럼 쉬운 일이 아니다. 한쪽으로는 상대방이 잘못했고 불공평하다는 생각이 드는데, 다른 쪽으로는 내려놓는다는 것이 '실패하는 것이자 포기하는 것'이라는 판단이 들기 때문이다. 그래서 이 과정은 수동적인 결정 그 이상을 포함한다. 그것은 만성적인 분노를 유지할 경우에 드는 비용을 완전히 알고 인정하는 것을 의미한다. 게다가 그것을 막는 방해자들과 능동적으로 싸우는 것 또한 필요하다.

산드라가 바로 이런 처지에 놓여 있다. 산드라는 이웃집 개가 자신의 집 화단을 여러 번 파헤쳐놓은 것을 보고, 이웃에게 차분히 이야기했다. 그러나 산드라의 솔직하고 직접적인 접근은 이웃의 긍정적인 반응으로 이어지지 않았다.

산드라는 선의에서 나온 자신의 이성적인 접근이 효과가 없자 분노했다. 처음에는 경찰을 부르고 싶지 않았다. 하지만 자신의 주장이 번번이 무시되자 주체하기 힘든 분노를 느꼈다. 산드라의 분노는 그 문제가 이웃이 약간만 협조해주면 쉽게 해결할 수 있다는 믿음에서 나온 것이었다.

산드라는 남편과 친구들에게 이웃에 대한 불만을 토로하며 많은 에너지를 소모했다. 심지어 지난 몇 년 전에 일어났던 일을 몇 번이나 곱씹었다. 그러다가 자기 자신이 '바보, 멍청이'라는 생각이 들자 엄청난 적대감을 느꼈다.

산드라는 주장이 통하지 않는 상황에 처해 있다. 이제 이웃에게 압박을 해야 하고 다른 조치를 취해야 한다. 아니면 분노를 유발하는 생각을 내려놓아야 한다. 그래서 조치를 취하는 것보다 자기대화를 바꾸는 것이 더 현명하다고 결론을 지었다. 그리고 다음과 같이 자기대화를 시도했다.

산드라는 먼저 자신에게 물었다. "나 자신에게 무슨 말을 하고 있지?" 산드라의 자기대화가 시작되었다. "내 이웃이 나를 부당하게 취급하고 있다고 말하고 있어. 나는 가능하면 좋게 해결하려고 사려 깊게 처신했어. 하지만 내 이웃은 문제를 풀기 위해 아무것도 하지 않았지. 옆집 개는 도저히 감당할 수가 없어. 우리 화단에 마음대로 들어오고, 밤에는 짖어대지. 그리고….”

산드라가 말을 중단하자 내가 말했다. “계속해요. 뭐가 문제죠? 지금 당신이 치르고 있는 모든 비용을 고려해봐야 되지 않겠어요? 지금 어떤 기분이죠?”

“맞아요.” 산드라는 동의했다. “분노의 감정으로 다시 돌아가는 것이 얼마나 쉬운지 놀라고 있어요. 지금 그것이 목적이 아닌데도 말이죠. 내가 치러야 할 비용 중 하나는 정말 화가 나는데 할 수 있는 것이 아무것도 없다는 겁니다. 내가 폭력적인 사람이라면 이웃의 목을 비틀어버리기라도 할 텐데…. 하지만 그래봐야 내가 더 곤경에 처하겠죠, 그렇잖아요? 내가 이웃을 욕하면 지인들이 고역스러워한다는 것을 알고 있어요. 그럼에도 내 속에 있는 뭔가가 분노를 내려놓고 싶어하지 않아요. 난 화나는 것이 정당하다고 느끼고 싶어요.”

이 시점에 다시 내가 개입했다. “산드라, 마음속에서 이 모든 분노를 되살리면 가장 고통스러운 사람이 누구일까요? 이웃인가요? 아니면 당신인가요? 잘 알겠지만 당신은 지난 몇 번의 면담 중에도 이웃에 대한 이야기를 제일 많이 했어요. 당신의 이웃이 당신 머릿속에 계속 맴돌게 하고 싶을 만큼 가치 있는 사람인가요?"

"아니요. 절대 그렇지 않아요. 개입하고 있는 조종자, 방해자, 혼란자는 누구죠? 나는 다른 사람에게 권리주장을 해야 한다고 생각해요. 난 내가 다른 사람에게 정당하게 행동하면 그 사람도 내게 그래야 한다고 믿어요. 난 이것이 제대로 되지 않을 때 분노를 느껴요. 상대방은 정해진 규칙에 따라 공정한 게임을 하는 것 같지 않아요. 내게는 '열심히 노력해라' 조종자도 있어요. 그래서 나는 내 이웃에게 나름대로 열심히 하려고 노력중이에요. 하지만 계란으로 바위를 치는 것 같은 느낌이 들어요. 내가 지금 깨달은 것은 제일 고통받는 사람이 나라는 거예요. 이제는 분노와 권리주장을 내려놓을 필요가 있어. 이제 어떻게 할까요?"

"계속해요." 내가 말했다. "분노를 내려놓는 것을 허락해요." 산드라는 처음으로 의자 뒤로 몸을 기대고 잠시 후에 말했다. "알았어요. 난 나 자신에게 이 싸움을 멈추게 하고 싶어요. 지금까지 할 수 있는 만큼 했고, 비용도 충분히 지불했어요. 내 주위 사람들이 치러야 하는 것이 더 많아요. 이젠 분노와 투쟁을 내려놓아도 괜찮아요. '열심히 노력해라' 로 바로 잡으려고 하지 않을 거예요."

"좋아요. 안내자는 어때요?"

"잘 모르겠어요." 산드라가 대답했다. "나는 내 이웃에게 취할 수 있는 모든 조치를 다 취했다고 생각해. 이웃 이야기를 한 적이 있는 지인들과 내 남편에게 이웃과의 일을 이제 마음에서 내려놓았다고 확인시킬 거야. 그리고 만약 이웃이 극단적으로 나오면 관계 기관에 도움을 요청할 거야. 만약 이웃이 그렇게 하지 않으면 짜증이 나겠지만 어쩔 수 없는 삶의 일부로 받아들일 거야."

산드라는 완전히 자신을 해방시키기 전에 몇 번씩이나 테이프를 변화시키는 과정을 거쳤다. 이 말을 자신에게 수차례 반복했다. "불행한 일이지만 사람들이 언제나 다른 사람에게 공정한 것은 아니야. 그렇다고 내가 가장 싫어하는 사람을 내 머릿속에 계속 맴돌게 할 필요는 없지. 어쩌면 이 경험에서 난 뭔가를 배웠을 수도 있고, 아닐 수도 있어. 하지만 나는 이제 내 분노를 내려놓을 수 있어."


## 타인에 대한 평가를 왜곡시켜 분노를 일으키는 혼란자

분노를 발생시키는 마지막 원천은 혼란자다. 혼란자(임의적 추론, 책임전가, 인지적 결핍, 과잉 일반화, 과장/축소, 모호한 언어, 이분법적 사고방식)는 분노를 유발시키는 잠재력이 있다. 이 장 서두에 말한 한 남자 이야기는 임의적 추론에 근거한 것이다. 그는 임의로 부정적인 결론을 내리고, 그것을 사실로 믿고, 그것에 따라 행동했다. 그의 추론은 "아무도 믿을 수 없어." "인간은 믿을 수 없는 존재야." "누구나 자신의 이익만을 생각해."와 같은 기본적인 믿음에서 나왔다. '있는 것' 보다 '부족한 것' 에 초점을 맞추는 심판자의 속성은 타인에 대한 평가를 왜곡시킨다.

케이드는 직장에서 귀가하면 아내 벳시가 무슨 일을 했는지 살펴본다. 방에는 아이들 장난감이 온통 어질러져 있고, 침대에는 이불이 그대로 있다. 즉시 케이드는 분노한다. 케이드가 분노하는 첫 번째 이유는 자신이 밖에서 일을 하면 벳시에게 집안일을 하도록 요구할 권리가 있다고 생각하기 때문이다. 원래 벳시가 직장을 그만두기로 한 것은 아이들을 돌보기 위해서였다. 그런데 케이드가 '풀 타임 가정 관리사' 라는 조항을 마음대로 집어넣은 것이다. 게다가 케이드는 벳시가 아이들과 쿠키를 굽고, 청구서를 지불하고, 저녁을 준비하는 등 하루 종일 일한 것은 완전히 무시하고 있다.

케이드의 자기대화에는 수많은 혼란자가 개입해 있다. 첫 번째는 권리주장이다. "너무 한 거 아니야? 난 힘들게 일을 하고 집으로 돌아왔는데…. 난 깨끗한 집을 기대할 권리가 있어!"

두 번째는 임의적인 추론과 인지적인 결핍이다. "벳시는 하루 종일 집에서 빈둥거렸어." 다음은 과잉 일반화와 모호한 언어다. "다른 남자들은 절대 이런 대접을 받지 않아." 마지막에 이것은 확대와 과장으로 끝난다. "집이 엉망진창이야."

케이드가 자기대화에 귀를 기울이지 않으면 혼란자들이 계속 분노를 불러일으킬 것이고, 벳시와의 관계를 악화시킬 것이다. 만약 케이드의 짜증으로 벳시가 같은 과정을 거치게 되면 둘 사이의 거리가 멀어지면서 결국 소통이 무너지는 것으로 끝날지도 모른다.


## 절대 화를 내지 말라는
## 것이 아니다

나는 인간이 절대 화를 내서는 안 된다는 말을 하려는 것이 아니다. 다만 인간에게 분노의 내부 신호는 매우 중요하다는 말을 하고 싶은 것이다. 통증이 뜨거운 냄비에서 손을 떼라고 말하는 경고인 것처럼, 분노는 필요한 외부 변화를 일으키게 하는 정서적인 촉매제다.

하지만 권리주장, 혼란자, 방해자가 분노를 일으킬 수 있다는 것을 인정함으로써 분노의 표현과 수용을 적절한 수준으로 다듬는 것은 중요하다. 만약 자신이 자주 '바보, 멍청이' 같다면, 부정적인 특성이 밤 사이에 갑자기 생겨났다면(이를테면 내가 이렇게 배려 없고 무신경하고 별로인, 그렇고 그런 사람인 줄 몰랐어), 분노의 부정적인 결과가 고통스럽다면(긴장, 대인관계의 어려움, 심리적인 문제), 여러분은 자기대화 속에 필요 이상의 분노를 주입해넣고 있는지도 모른다.

필요 이상의 분노는 내재된 자아를 보호하는 반응이 아니다. 분노를 유발시키는 자기대화를 들여다보는 것은 만성적인 판단의 조건과 분노 속에서 사는 스트레스에서 자유롭게 벗어나는 길이다.

더 인정받지 않아도 괜찮아!
더 완벽해지지 않아도 괜찮아!
**더 강해지지 않아도 괜찮아!**

Chapter 11

# 부정적인 자기대화가
# 발달한 이유

왜 우리는 자신에게 벌을 줄까? • 생존하기 위해 발달한 심판자 • 부정적인 낙인을 원래 자리로 돌려놓자 • 심판자를 인정하고 심판자에게 감사하자 • 과거와 현재는 엄연히 다르다

# 왜 우리는
# 자신에게 벌을 줄까?

수년 동안 나는 '왜?' 라는 질문에 사로잡혀 있었다. 당신은 자신의 자기대화에 이런 의구심을 가져본 적이 없는가?

왜 우리는 자신에게 벌을 줄까? 왜 우리는 뚜렷한 이유 없이 자신을 금지시키고 제한할까? 왜 우리는 자신과 타인에게 해롭기 짝이 없는 방식으로 대화를 할까? 인간은 성장 지향적인 존재가 아닌가? 부정적인 자기대화는 신체적인 질병과 심리학적인 불행으로 이어져 있기 때문에 인간진화에 역행하는 것이 아닌가? 이 낯설고 역효과를 일으키는 작용방식이 인간에게 필요한 적응이었을까? 현재의 자기방해 행동들이 한때는 생존에 필요했을까? 우울하게 하고 자살까지 하게 하는 자기대화가 인간진화의 초기에 생명을 구해준 것이었기 때문에 지금까지 존재하는 것일까?

하지만 어떻게 생존하기 위한 것이 우리를 무감각하게 만들고, 감정에 자물쇠를 채우고, 경험의 일부를 잊어버리게 할 수 있을까? 이 수수께끼의 답은 내재된 자아가 유기체에 '전체적으로' 이로움을 주도록 작동하게 되어 있다는 사실에 있다. 마치 덫에 걸린 동물이 탈출하기 위해 자신의 발을 갉아먹는 것처럼, 내재된 자아는 위기에 처하면 환경에 적응하도록 우리를 억누르거나 막는다.

엘리스 밀러(Alice Miller)가 저서 『For Your Own Good(자기 자신을 위해)』와 『Thou Shalt Not Be Aware(그대는 알지 못해)』에서 강조한 것처럼 해로운 환경에 있는 아이는 단지 학대의 트라우마뿐만 아니라 그것 때문에 발생한 슬픈 정서를 처리해야 한다. 하지만 아이에게 슬픈 정서를 표현하도록 허용하지 않는다. "만약 울음을 그치지 않으면 더 울도록 해줄 테다." 같은 위협으로 말이다.

그래서 아이는 자신이 직면하는 학대의 양을 최소화하는 심리학적 모형을 만든다. 이 고통스러운 모형의 지도는 일단 만들어지면 환경이 변한 후에도 자체적으로 계속 작동한다. 잠시 잠깐 필요했을 뿐인 이 지도는 방해(방해자), 명령(조종자), 다른 잡다

한 자기대화(혼란자) 형태로 아이를 압박한다.

이것을 잘 보여주는 농담 하나가 있다. 한 남자가 이상한 행동을 하며 심리치료실에 들어섰다. 이 사람은 계속 자신의 엄지와 중지 손가락을 튕기며 소리를 냈다. 치료사는 처음에는 이 행동을 무시했다가 강한 호기심이 들어 이렇게 물었다. "왜 계속 손가락을 튕기죠?" 남자는 대답했다. "전 선생님이 아신다고 생각했어요. 이건 사자나 호랑이를 쫓기 위한 행위 같은 거예요." 치료사는 믿을 수 없다는 듯이 이렇게 대답했다. "하지만 지금 이 주변에는 사자나 호랑이가 없잖아요?" 남자는 인내심 있게 동의했다. "글쎄, 그래도 도움이 돼요. 고맙습니다."

이 남자처럼 현재 상황에서 더이상 말이 되지 않는 이런 행동을 계속하는 사람이 있는가? 어떤 끔찍한 존재가 다시 나타나는 것을 막기 위해 '손가락 튕기기' 같은 방어적인 행동을 하는가?


## 생존하기 위해 발달한
## 심판자


이제 조금 더 구체적인 틀 속에서 "나는 별로야." "나한테 뭔가 문제가 있어." "나는 아무에게도 의존할 수 없어." "아무도 나를 사랑할 수 없어." "나는 멍청해." 같은 말이 어떻게 한 개인을 어린시절 트라우마의 고통에서 보호하는 데 일조해왔는지 살펴보자. 다음의 다섯 가지 가설을 숙고해보면 가혹한 자기 메시지를 이해할 수 있을 것이다.

- **가설 1** 원래 심판자는 환경의 부정적인 요소에서 아이를 보호하기 위해 발달한다. 여기서 부정적인 요소는 부모, 선생님, 형제자매, 혹은 또래 그룹에서 폭력을 쓰는 친구일 때도 있다. 심판자는 아이를 보호하기 위해 아이에게 부정적인 자기대화를 하게 한다.
- **가설 2** 심판자는 환경보다 더 가혹하거나 잔인하지 않다.
- **가설 3** 심판자를 살펴보면 개인의 어린시절에 관해 잊었거나 숨겨진 요소를 발견할 수 있다.
- **가설 4** 심판자는 아이에게 (더 나은 선택이 없다는 최선의 시각으로) 부모와 보호자들을 붙잡도록 해 희망을 유지하게 한다.
- **가설 5** 심판자를 붙잡고 있는 것은 생존에 필요하기 때문이다.

이 가설을 처음으로 공식화한 것은 자아가 분리되는 극단적인 형태인 다중인격장애 진단을 받은 한 내담자를 치료했을 때였다. 흔히 이 경우에 한 자아는 다른 자아들에게 잔인하고 원한을 가진 것처럼 보이는 심판자다. 이 자아는 고통스러운 기억을 붙들고 다른 자아를 보호하는 역할을 한다.

내가 '제인'이라는 이 여성을 치료했을 때도 이런 박해하는 자아가 있었다. 제인이 진정한 감정을 느끼거나 표현할 때 극도로 불안해하면, 괴롭히는 자아인 주디가 나타났다. 주디는 제인이 부드럽고 상처받기 쉬운 감정을 표출하는 것을 필사적으로 막았다. 주먹으로 머리를 때리기도 하고 자신의 팔을 물어뜯기도 했다. 내가 주디를 제지하자 주디의 불안은 패닉 상태가 되어 갔고, 이 불안이 피크를 이루자 다시 제인이 돌아왔다.

주디를 면담하는 과정에서 주디가 제인의 생존에 필수적일 수밖에 없는 상황을 발견했다. 제인의 어머니는 제인이 어릴 때 감정이나 필요한 것을 표현하면 언제나 분노를 폭발시키며 무자비하게 때렸다. 하지만 제인/주디가 자학하는 모습을 보이면 위협적인 학대를 멈췄다. 제인의 감정표현을 주디가 막으면 막을수록 어머니가 미친 듯이 날뛰며 때리는 횟수가 줄어들었다. 이런 어머니의 학대 속에서 심판자로 발달한 주디는 진짜 어린아이인 제인을 보호하려고 했고 이것이 제인을 생존하게 했다.

나는 이 드라마틱한 과정을 보면서 문득 현재 행동이 아무리 기이해 보여도 과거에는 생존과 직결된 어떤 기능을 했을 거라는 생각을 했다. 나의 내부 보호 메커니즘에 대한 존중은 제인과 제인의 두 번째 인격인 주디를 통해 한층 더 강화되었다.

이런 관점에서 보면 내부 심판자는 어린시절 성장한 환경이 어떤지 알려주는 직접적인 증거다. 체벌, 조롱, 사랑을 거둠, 심리학적·신체적인 방치, 방치에 대한 위협, 이 모두는 아이에게 엄청난 영향을 미친다. 아이가 앞에서 언급한 환경에 처하면 부모의 사랑을 잃는 위험을 감수하기보다 자신의 값진 부분을 버리려 할 것이다.

또 심판자가 매우 일찍 발달하기 때문에 그것을 발달시킨 정체가 무엇인지 전혀 기억하지 못할 수도 있다. 게다가 최선을 다한다고 해도 불완전할 수밖에 없는 부모의 양육 속에서 고통스러운 경험을 했다면 당연히 기억에 저항할 수밖에 없다.

하지만 단순한 망각의 차원을 넘어 심판자와 초기 환경에 대한 기억을 흐리게 만드는 두 가지 요인이 있다. 그 중 하나는 아이의 환경 순응성이고, 다른 하나는 환상과 부인 속에서 사는 아이의 능력이다.

환경 순응성은 '착한 아이 증후군'이라고 부른다. 어떤 아이들은 매우 재빨리 가족의 규칙을 습득한다. 이런 아이들은 환경에 쉽게 순응하는, 한 마디로 감수성이 뛰어난 존재들이다. 또다른 아이, 특히 주의결핍 장애를 가진 아이들은 순응에 필요한 내부 브레이크를 만드는 데 어려움을 겪고 상당히 부정적인 반향을 불러일으킨다.

순응성이 뛰어난 아이들은 매우 예의 바르게 행동해 벌을 받거나 꾸지람을 듣는 일이 거의 없다. 그래서 어른이 되면 엄격한 내부 심판자가 어떤 이유로 생겼는지 거의 기억하지 못한다.

어린시절의 기억을 방해하는 두 번째 장애물은 부인(否認)이다. 이런 유형은 부모에 대한 잘못된 환상이 있다. 어린시절의 끔찍한 경험 역시 "난 행복한 어린시절을 보냈어." 하는 믿음으로 변형되어 있다. 이 흔한 망상이 존재할 수밖에 없는 이유는 아이의 초기 양육의 일부였던 부정성을 심판자가 흡수해 진짜 자아에 맞서게 했기 때문이다. 아이는 가족 속에서 무시나 학대라는 진실에 맞서기보다 "나한테 문제가 있어.""나는 괜찮은 아이가 아니야."라는 결론을 내린다.

이 결론은 아이가 해로운 환경 속에서도 희망을 잃지 않고 살아가게 해준다. "만약 내게 잘못이 있으면 나는 바뀔 수 있어. 내가 더 나아지고 더 똑똑해지고 더 괜찮아지면, 말썽을 부리지 않고 아무것도 요구하지 않으면, 모든 것이 바뀔 거야. 환경이 그렇게 지독한 건 아니야. 문제는 나야." 따라서 심판자는 나쁜 상황을 희망으로 바꿔준다. 아이는 내부의 조종자, 방해자, 혼란자의 엄청난 무게에도 그 희망에 기대어 살아간다.

나는 이 모든 것을 단순한 이미지로 만들어 전달해야 할 때 내담자들에게 이렇게 말한다. "당신은 받침대 위에 있는 엄마 아빠를 떠받치기 위해 마루에 누워 있어야 했어요." 다시 말해 부모를 이상화시키기 위해 자신이 다치는 쪽을 선택했다는 말이다. 아이는 자신의 부모가 매우 현실적이고 정서적인 한계가 있는 인간이라는 것을 받아들이기 어려워한다. 자신의 부모가 자격 있는 부모라는 환상을 내려놓는 데는 그만한 슬픔이 따른다.

이 뒤집힌 틀 구조는 흥미로운 역설적 경험을 만들어내는데, 그 속에 있는 개인은 절대 긍정적인 반응을 받지 않으려고 한다는 것이다. 내 내담자들은 긍정적인 것을 믿지 않으려고 한다. 긍정적인 내 말을 여지없이 부정한다. "선생님이라면 당연히 그렇게 말씀하시겠죠. 내 치료사니까요." 이것은 내가 자신을 도우려고 거짓말을 하고 있다는 말이다.

내담자들은 부정적인 태도를 끝까지 고수한다. 그들에게 새로운 관점을 수용하는 것은 사자와 호랑이를 다시 불러들이는 위험을 감수하는 것이나 다름없다. 한 내담자는 나에게 이렇게 말했다. "만약 선생님이 저를 좋아한다고 믿었다가 나중에 내가 바보였다는 걸 알면 전 망연자실할 거예요. 그런 위험을 감수하고 싶지 않아요."

좋은 기분을 표현했다고 벌을 받은 사람에게, 마음에서 우러나온 감정(예를 들면 "너무 거만하게 굴지 마." "너는 네가 누구라고 생각하니?" "자기 분수도 모르고.")을 표출했다고 뺨을 맞아본 사람에게 부정적인 울림을 내려놓은 것은 죽느냐 사느냐의 명제가 될 수도 있다.

이 딜레마를 말하는 또 다른 이야기가 있다. 한 남자가 물에 빠졌다. 배에 있던 사람들이 그에게 구명기구를 던져줬지만 그는 계속 물 밑으로 가라앉았다. 그가 두둑한 돈 주머니를 갖고 있었기 때문이다. 배에 있던 누군가가 소리쳤다. "이봐, 돈주머니를 버려." 그러자 익사하기 직전인 그 남자는 이렇게 대답했다. "하지만 이건 내 돈이에요." 이것이 위기 상황에서 "하지만 그건 내 믿음이에요. 너무 두려워서 그것을 내려놓을 수가 없어요."라고 말하는 것과 무엇이 다른가?

다시 의문이 생긴다. "왜 현실을 있는 그대로를 보지 않는 것이 자신을 보호하는 것일까? 진실을 인정하는 것보다 등을 돌리는 것이 더 바람직할까? 왜 자신을 물속으로 가라앉히는 돈주머니에 환상을 가질까?"

역설과도 같은 이 의문을 이해하기 위해서는 아이들이 부모(심지어 나쁜 부모라고 하더라도)와 애착관계를 가지는 것이 생존에 반드시 필요하다는 사실을 깨달아야 한다. 이런 애착은 두말할 필요 없이 본능에 기반을 두고 있다.

부화되자마자 처음 보이는 물체에 애착을 느끼거나 강한 인상을 받는 새를 예로 들어보자. 케네스 멜빈(Kenneth Melvin) 박사는 새끼 메추라기들에게 천적인 황조롱이를 보여주면 황조롱이에게 애착을 느끼는 것을 발견했다. 새끼 메추라기들은 황조롱이를 따라다녔는데 심지어 황조롱이가 위협적이고 공격적인 행동을 보여도 물러서지 않았다. 애착이 회피보다 훨씬 더 목적에 부합하다는 것을 자연이 확인시켜주는 것이다.

보통 따라가는 본능이 도망가는 본능보다 더 강하다. 그래서 심판자는 (가능한 한 최선의 시각에서) 아이가 부모를 붙들도록 개입해 부모에 대한 애착을 유지하게 한다. 심지어 부모가 학대를 하거나 제대로 된 역할을 할 수 없을 때조차도 말이다.

물론 대부분의 아이들이 경험하는 절대적인 현실은 가족을 떠날 수 없다는 것이다. 그들이 원한다고 해도 말이다. 내담자들 중 상당수가 한때 가출을 시도한 경험이 있었다. 또 어떤 아이들은 언젠가 그들의 진짜 부모가 나타나 현재 처해 있는 해롭고 비양육적인 환경에서 그들을 데려갈 것이라는 환상을 품고 있었다. 하지만 결국 그들은 가족에게 자신을 맞춰야 했다. 어떤 역기능이 있더라도 말이다.

만약 아이들이 선택할 수만 있다면 내재된 자아에 등을 돌리는 결정은 하지 않을 것이다. 부정적인 자기낙인과 파괴적인 태도가 손을 내밀면 "고맙지만 사양할게요."라고 답을 하면 되니까 말이다.

# 부정적인 낙인을
# 원래 자리로 돌려놓자

어른이 되면 우리는 선택할 수 있다. 부정적인 낙인과 판단으로 고통받은 사람은 그것을 원래 자리, 즉 원래 속했던 사람이나 환경에게 돌려주면 된다. 우리가 떠받치던 자격 없는 사람을 밀어내고 바닥에서 직접 일어나면 된다. 로즈가 바로 이렇게 했다.

로즈는 자신을 '부적응자'라고 여겼다. 흔히 이런 낙인이 붙은 사람에게 "그건 아이 때 낙인이 아닌가요?"라고 질문을 하면 낙인이 어디에서 왔는지 쉽게 알아낼 수 있다. 혹은 내가 로즈에게 물어본 것처럼 "지금 자신이 몇 살이라고 느끼나요?"라고 물어볼 수도 있다.

**로즈** 일곱 살인 것 같아요.

**나** 일곱 살 때 무슨 일이 있었죠?

**로즈** 나는 학교에 있어요. 나는 친구들을 보고 있어요. 그들은 정말 좋은 친구들이고, 좋은 집과 가족들과도 잘 어울려요. 하지만 나는 그렇지 않아요.

**나** 어떻게 어울리지 않죠?

**로즈** 글쎄, 전 아버지와 사이가 좋지 않아요. 그를 만족시킬 수

가 없어요. (로즈의 아버지는 극도로 폭력적이었고 자기중심적

이었다.)

**나**   당신 아버지와 잘 지낼 수 있는 아이가 있다고 생각해요?

**로즈**   아마 없을 거예요.

**나**   진짜 부적응자는 누구죠? 아이인 당신인가요? 아니면 아버

지인가요?


내 질문이 충격을 주기 시작하자 로즈의 얼굴이 밝아졌다. 그

리고 로즈는 자발적으로 자신의 아버지에게 말했다. "난 부적응

자가 아니에요! 그 누구도 아버지와 잘 지낼 수 없었을 거예요!"

몇 해 후에 '부적응자' 낙인은 원래 있던 곳으로 돌아갔다. 로

즈는 더이상 자신이 나쁘다고 믿음으로써 아버지를 보호할 필요

가 없었다. 낙인이 돌아가자 로즈는 비로소 자신이 달고 살았던

비판적인 기본 믿음을 없애기 시작했다. 로즈는 "너는 어울리지

못해." "아무도 너를 좋아하지 않을 거야." "너는 여기 오지 않는

것이 더 나을 거야."와 같은 자기대화를 하며 방으로 들어갈 필

요가 없었다.

로즈는 성인이었고, 아버지가 좋다고 하는 것이 더이상 필요

없었다. 그렇기 때문에 부정적인 특성을 원래 있던 자리인 아버

지에게 돌려놓을 수 있었다.

## 심판자를 인정하고
## 심판자에게 감사하자

앞서 말한 다섯 가지 가설을 고려해보면 심판자를 어느 정도 인정해주는 것도 중요하다. 심판자를 내려놓기 전에 감사의 표현을 하는 것이 적절하다. 심판자는 인정을 받을 때 더 일찍 퇴장한다.

나는 최근에 이것을 직접 경험했다. 내담자인 다이아나에게 '두 의자 기법'을 사용하고 있었다. 다이아나의 심판자가 어떤 역할로 다이아나를 엄격하게 통제해왔는지 관찰하고 있었다. 여기서 말하는 두 의자 테크닉이란 한 사람이 두 의자를 오고 가며 각각 심판자와 내재된 자아가 되어 서로 말하는 것이다.

나는 다이아나에게 한쪽 의자에 앉아 내부 통제자인 심판자를 불러내게 했다. 하지만 다이아나의 심판자를 적으로 대면하기보다 가치를 인정하는 쪽을 선택했다. 나는 과감하게 이렇게 말했다. "나는 당신이 어린 소녀였던 다이아나를 통제할 수밖에 없었던 것을 알아요. 다이아나를 보호하기 위해서였죠."

다이아나의 눈에서 눈물이 폭포수처럼 쏟아졌다. 다이아나는 심판자가 되어 "그래요. 내가 하지 않았다면 아이는 맞았을 거예요."라고 말했다.

"말대꾸를 했다고 말이죠?" 나는 다시 다이아나의 심판자에게 물었다. "언제나 한 가지 방식뿐이었어요." 다이아나가 말했다.

"가족들 속에서 자발적으로 움직일 공간이 전혀 없었던 것이 틀림없군요."

점점 많은 이야기를 나누면서 나는 다이아나를 통제하려 했던 심판자가 내린 결정이 중요하다는 것을 인정했다. "난 당신이 다이아나에게 얼마나 중요한 존재였는지 알아요. 당신은 그녀를 가족 속에서 매우 잘 보호했어요." 나는 심판자에게 재차 강조했다. 다이아나는 여전히 눈물을 흘리며 자신이 직접 심판자에게 감사를 표시해도 되는지 물었다.

"난 말 없이 나를 지켜준 너에게 감사하고 싶어. 넌 내가 상처받을 걸 알았기 때문에 그렇게 했던 거야. 고마워." 잠시 조용히 흐느끼다가 이렇게 덧붙였다. "하지만 이제 내가 컸다는 걸 알아줬으면 좋겠어. 그리고 이젠 누군가가 나한테 그런 상처를 입히거나 소리치는 것을 절대 두고 보지 않을 거야. 그러니 이제 나를 지배하는 것을 멈춰줘. 더이상 네가 날 보호하지 않아도 돼. 하지만 오랫동안 함께해준 것은 정말 고마워."

다이아나는 몇 분 더 조용히 울었다. 그리고 이렇게 말하는 것처럼 시선을 들었다. "이제 난 앞으로 나갈 준비가 됐어요."

# 과거와 현재는
# 엄연히 다르다

인간은 누구나 일반화시키는 능력을 가지고 태어난다. 만약 뜨거운 난로를 만져서 손을 뎄다면, 손을 덴 난로뿐만 아니라 어떤 난로든 조심스럽게 접근한다. 특히 고통과 관련된 일반화 능력은 인간의 생존적응력이다.

이것과 대조적인 개념이 구별학습이다. 이것은 차이를 아는 것이다. 예를 들면 이런 것이다. 지난 해 나를 할퀴었던 고양이는 지금 내게 다가오고 있는 고양이와 다르다. 따라서 나는 두려움을 느낄 필요가 없다.

어린시절에 발생한 이런 상황은 엄청난 일반화로 이어진다. 고통과 관련된 것은 특히 더 그렇다. 다르다는 것을 인지하지 못하면 우리는 마치 현재가 과거인양 과잉 일반화를 할지 모른다. 과잉 일반화 행동방식은 무의식적인 것이기 때문에 훨씬 더 해로운 영향을 미친다. 과거와 미래를 구별하기 위해 능동적으로 재평가 과정을 거칠 필요가 있다.

몸무게가 90kg이나 나가는 운동선수인 짐도 예외가 아니었다. 짐은 "난 언제나 구석진 곳에 있어요."라고 말했다.

나는 짐에게 제안했다. "방 중앙으로 걸어가 그곳이 왜 안전하지 않은지 알고 싶지 않으세요?" 그리고 이어서 말했다. "어머니가 다가와 행동에 간섭하는 것이 보이나요?"

짐은 어머니를 상상하고 말했다. "예, 나는 언제나 어머니와 같은 쪽을 봐야 해요."

어린시절 짐이 어머니를 보호하기 위해 내린 결정은 어머니의 지시대로 하는 것이었다. 일단 짐이 어머니에게 더이상 그렇게 하지 못하겠다고 주장하자 방을 둘러볼 수 있게 되었다.

다음으로 나는 짐에게 아버지가 자리에서 일어나는 것을 상상하게 했다. 짐은 이렇게 반응했다. "아뇨. 아버지에게는 그렇게 하기 싫어요. 아버지를 믿을 수 없기 때문에 구석에 서 있어야 해요. 언제 아버지가 나를 때릴지 몰라요."

이것이 어린시절 짐의 유일한 진실이었다. 짐의 아버지는 학대자였다.

이때 나는 짐에게 물었다. "아버지를 그렇게 두려워하던 어린시절에 키가 얼마였어요?" 짐은 추측했다. "아마도 90cm였을 거예요."

다시 짐에게 물었다. "지금은 키가 얼마죠?"

"180cm예요."

나는 질문을 이었다. "지금 아버지가 당신에게 상처를 줄 수 있나요?"

짐이 웃으며 말했다. "지금은 그럴 수 없죠!" 그러자 그를 옭아매던 주문이 풀렸다.

이처럼 어린시절 발달하는 부정적인 자기대화, 생존을 위한 목적, 현재와 과거를 구별해 부정적인 자기대화를 이해할 수 있다. 이것은 여러분에게 부정적인 믿음의 돌을 내려놓게 하고, 반사적으로 손가락을 튕기는 것 같은 행동을 그만둘 수 있도록 용기를 준다. 마지막 장 '자신의 자아에 귀를 기울이자'는 사자와 호랑이가 이미 오래 전에 사라져버렸기 때문에 더이상 싸울 필요가 없음을, 더이상 자신을 제약할 필요가 없음을 발견하는 발판이 되어줄 것이다.

더 인정받지 않아도 괜찮아!
더 완벽해지지 않아도 괜찮아!
더 강해지지 않아도 괜찮아!

Chapter 12

# 자신의 자아에
# 귀를 기울이자

우리 자아는 귀를 기울일 때 말한다 • 자신의 내재된 감정과 마주쳐보자 • 내면의 중요한 정보를 전달하는 꿈 • 자신의 상황을 명료하게 보여주는 이미지 • 신체적인 증상이 우리에게 보내는 메시지 • 자아에 귀를 기울이지 않았을 때 치르는 비용 • 자아를 따라갔을 때 생기는 긍정적 결과 • 자아를 이해하면 타인을 이해할 수 있다 • 바뀐 자기대화는 완전히 새로운 삶을 창조한다

우리 자아는
귀를 기울일 때 말한다

"자신에게 진실하라. 그러면 밤이 낮을 따라오듯 자연히 어느 누구에게도 거짓을 행하지 않게 된다." 〈햄릿〉에 나오는 이 유명한 구절 속에서 셰익스피어는 우리에게 자신에게 귀를 기울이기를 당부한다.

"내가 어떻게 나 자신에게 귀를 기울이죠?" 앰버가 오는 내내 이 '멍청한' 주제를 생각했다고 고백한 후에 물었다.

나는 앰버에게 함께 생각해보자고 부드럽게 제안했다. "지금 당신의 레이다 화면을 차지하고 있는 생각과 감정은 그렇게 멍청하지 않아요. 만약 당신이 기꺼이 들을 준비를 하고 있다면 어떤 중요한 정보라도 알려줄 거예요."

앰버가 잠시 생각한 후 고개를 끄덕이며 조심스럽게 대답했다. "이를테면 한동안 소식이 들리지 않았던 친구처럼 말인가요?"

우리는 나머지 시간을 앰버의 친구(내재된 자아)와 앰버가 글을 쓰는 것을 방해한 다양한 방해자들(강요된 자아)에 대한 이야기를 나누면서 보냈다. 풍요롭고 생산적이었다. 앰버는 중심 이슈로 계속 접근했다. 하지만 앰버의 심판자는 이 완전한 주제를 계속 '멍청한' 것으로 치부해버렸다. 만약 내가 앰버 심판자의 부정적인 라벨에 도전하지 않았다면, 앰버는 이 중요한 문제의 해결을 계속 미뤘을 것이다.

앰버의 질문인 "내가 어떻게 나 자신에게 귀를 기울이죠?"는 우리 모두에게 유효하다. 자신의 어떤 부분에 귀를 기울일 것인가? 부인하고 깎아내리는 목소리(심판자)에 귀를 기울일 것인가? 아니면 훨씬 더 포착하기 어렵고 덜 독선적인 목소리(내재된 자아)를 관심과 존경으로 예우할 것인가?

고맙게도 내재된 감정과 요구는 계속 의식 표면에 나타난다. 무시당하거나 비웃음을 당할 때조차도 예외가 없다. 내재된 자아는 심판자의 아스팔트를 뚫고 올라오기 위해 강력하게 싸운다. 그렇기 때문에 우리가 자신의 목소리를 들을 수 있는 기회는 당연히 많다.

이런 관점에서 나는 앰버에게 말했다. "들을 필요가 있는 것은 아무리 물리치려고 발버둥쳐도 계속 의식 속에 들어올 거예요. 정중하게 노크하고 들어올 때 받아들이는 편이 더 좋지 않을까요? 그것이 우울증으로 바뀌어 공격하기 전에 말이죠."

자신에게 귀를 기울이는 것은 자신의 내재된 자아를 발견하는 최고의 방법이다. 우리가 자신에게 기꺼이 귀를 기울일 때 우리 자아는 말을 한다. 자아는 우리의 엄격한 판단구조를 뚫고 올라와 감정, 이미지, 꿈, 심지어 신체적 증상을 통해 메시지를 전달한다. 그렇다면 이제 우리가 마지막으로 해야 할 일은 수많은 일상적인 재잘거림이라는 모래를 체로 곱게 쳐서 메시지를 보여주는 금을 걸러내는 것이다.


## 자신의 내재된 감정과 마주쳐보자

감정은 내재된 자아에 대한 매우 중요한 정보를 제공한다. 자신의 내재된 감정과 마주치는 것은 존재 내에 있는 감정의 깊고 지속적인 흐름인 금맥을 발견하는 것이다. 때로 이 감정은 눈물을 동반한다.

게슈탈트 심리치료의 창시자인 프리츠 펄스는 이 깊은 감정을 가식, 역할 연기, 무감각의 층 속에 숨겨진 자아의 폭발적 목소리라고 기술한다. 면담치료를 할 때, 혹은 누군가가 자신의 이야기를 공감하면서 들어줄 때 이 감정은 보통 슬픔·분노·즐거움의 폭발로 표출된다.

일기를 쓰거나 다섯 단계 방법을 연속적으로 반복할 때에도 내부에 있는 이 깊은 흐름에 접근할 수 있다. 누군가의 표현처럼 양파 껍질을 벗기듯 계속 벗기면서 들어가면 진정한 자아로 이어지는 깊은 층에 도달할 수 있다. 'EMDR'이라고 부르는 치료 기술의 개발자인 프랜신 샤피로(Francine Shapiro)는 양파 이미지를 아티초크(식물)로 바꾸었다.

내재된 자아의 메시지를 심판자의 불평·시비와 비교해보자. 심판자는 부정적인 감정을 지속적으로 흐르게 한다. 우울증의 올가미는 이런 주제로 돈다. "넌 절대 아무것도 이루지 못할 거야." "넌 실패자야." "넌 절대 원하는 것을 얻지 못할 거야." "아무도 너한테 관심 없어."

분노의 올가미는 다른 사람에 대한 비난으로 시작하지만 성공적인 주장·협상·변화로 이어지지는 못한다. 분노를 불러오는 자기대화 주제인 "그는 나한테 관심 없어." "그녀는 자기밖에 몰라." "삶이 공평하지 않아."는 만성적인 분노를 유발한다. 두려움의 올가미, 즉 "조심해." "네가 틀렸을지도 몰라." "아무도 널 좋아하지 않을 거야."는 우리를 완전히 소외시킨다.

심판자는 충동적인 행동이나 만성적인 감정의 상태를 유발한다. 분노 에너지 때문에 공격적이고 적대적이고 신경질적인 태도를 보인다. 슬픔을 치유하는 대신 만성적인 우울과 울지 못하는 상태가 된다. 분노는 두려움을 자기보호 장치로 이어지게 하지 못하고, 거의 통제되지 않는 만성적인 불안을 느끼게 한다. 심판자가 불러일으킨 분노와 슬픔과 두려움은 우리 행복을 손상시키고 관계를 파괴한다.

대조적으로 내재된 자아의 정서는 심사숙고하는 행동으로 이어진다. 이 감정이나 직관은 단지 생각을 통해 도움이 되지 않는 활동이나 사람, 상황에 대한 정보를 알려준다. 그것이 빌릴 아파트건, 살 집이건, 입을 옷이건, 함께할 사람이건, 실제로 어떻게 느끼는지가 무엇보다 중요하다.

내부의 감정이나 배 속에서 거북함이 일어나지 않는지 귀를 기울여보자. 데이트를 받아들이지 않을 이유가 없다고, 혹은 임대차 계약서에 사인하지 않을 이유가 없다고 해도, 자신감·편안함·설렘이 느껴지지 않으면 다시 한 번 살펴보자. 내부의 에너지 원천과 내재된 자아의 생동감을 느끼고 있을 때에는 밀어붙이거나 재촉할 이유가 없다.

심판자가 유발시킨 정서와 내재된 자아의 정서를 구별하려면 우선 자기대화를 살펴봐야 한다. "해야 한다." "반드시" 같은 말은 심판자가 특히 좋아하는 말이다. 대조적으로 "○○하고 싶다." "○○이 좋다." "○○을 시작한다." 같은 말은 진정한 자아가 하는 말이다. 경계해야 할 목소리는 또 있다. "○○든지, 말든지." "내가 알 게 뭐야." "이왕 이렇게 된 거." 등은 연좌농성(자포자기)을 충동질하는 목소리다. 이 목소리 또한 내재된 자아의 관심에 등을 돌리고 있다. 이 반항적인 어투는 진정한 자기결정의 목소리를 내지 못한다.

## 내면의 중요한 정보를
## 전달하는 꿈

친한 친구 하나가 일이 자신에게 맞지 않는 것을 알았다. 그것은 그녀를 하루 종일 우울하게 했을 뿐만 아니라 밤에는 눈물짓게 했다. 그녀는 움직일 공간이 없는 작은 연못에 잡혀 있는 거대한 범고래 꿈을 꾸었다. 범고래는 정체된 그녀를 상징했다.

또 내담자 중에 한 의사는 환자를 마취하지 않고 수술하는 꿈을 꾸었다. 그가 메스로 환자의 살을 그었을 때 환자가 벌떡 일어나 소리쳤다. "나에게 상처를 입히는군요!" 이 충격적이고 혼

란스런 메시지는 그가 자신을 어떻게 대하고 있는지 돌아보게
했다.

또 다른 내담자는 꿈에서 대가족을 상대하라는 지시를 받았
다. 문제는 다른 사람들이 모두 이야기하는데 그녀는 한 마디도
끼어들 수가 없었다는 것이다. 그녀는 커피를 마시기 위해 밖으
로 나갔다. 그러고 나서 돌아오니 사장이 그녀가 자리를 비웠다
고 질책했다.

꿈이 아닌 현실에서 그녀는 두려움·비난·의무감의 혼탁한
목소리 속에서 나아갈 방향을 정하지 못하고 있었다. 그녀는
내부의 많은 목소리를 들었지만 어느 것도 서로 다른 의제를
중재하지 못하고 있었다. 그녀의 꿈이 보여준 것처럼 그녀에게
필요한 것은 그녀를 책임지고 보살필 강한 내부 치료사(내재된
자아)였다.

리즈는 자신의 꿈을 같이 검토하는 것에 동의했다. 리즈의 꿈
은 창의적인 스토리를 통해 내면의 중요한 부분에 대한 것을 어
떻게 전달하는지 보여준다. 꿈에 등장하는 다양한 캐릭터와 목
소리를 확인하는 것은 실제 상황의 현재 상태에 대한 상당한 통
찰력을 제공해주고 나아갈 방향을 분명히 정할 수 있도록 도와
준다. 프리츠 펄스의 방법에 따라 리즈는 자신의 꿈을 현재시제
로 이야기했다.

대기는 따뜻하고 땅은 무거운 군사 차량 때문에 3인치 깊이로 패이면서 먼지를 뿜어낸다. 나는 다른 미국 시민들 몇몇과 함께 남부 미국군을 따라간다. 군인들이 짐을 꾸려 트럭에 싣고 그곳을 떠나고 있다.

적진이 가까워진다는 말이 나온다. 그래서 움직이는 속도가 빨라진다. 남자들은 사방으로 소리치며 달리고 있다. 나는 동료들에게 어디로 가는지 소리쳐 묻지만 우리는 제대로 조직된 그룹이 아니다. 합의된 계획이 없어 내 노력이 허사로 돌아간다.

나는 넓은 갈색의 강을 가로질러 손발을 맞추면서 일사분란하게 움직이는 적군을 본다. 여덟과 열둘이 나란히 다른 강둑을 따라 움직이며 내가 다리가 있다고 알고 있는 곳으로 움직이고 있다. 그들은 정확히 다른 사람들처럼 옷을 입고 있다. 초록색 튜닉, 검은 셔츠, 그리고 긴 검은 생머리를 하고 있다. 완전히 여성들만으로 구성된 군대다.

나는 맥박이 뛰고 숨이 목구멍까지 차오른다. 나는 동료에게 소리치지만 아무도 내게 관심을 가지지 않는다. 나는 나 혼자서 나가는 길, 혹은 숨을 장소를 광적으로 찾아 헤매다가 마지막으로 떠나는 트럭에 있는 컨테이너 위로 기어올라가 내 몸을 밀어넣을 적절한 곳을 찾지만, 결국 찾지 못하고 땅으로 떨어진다.

적들의 목소리가 다가온다. 나를 가릴 나뭇잎 하나 보이지 않는다. 나는 흙속으로 다이빙한다. 죽은 척해서 전쟁의 사상자처럼 행동하면 그들의 주목을 받지 못할 것이라고 생각한다.

군인들이 수색하고 있다. 180cm도 안 되는 곳에서 그들의 존재가 느껴진다. 작은 금속 소리가 난다. M16이 내 등을 겨냥하고 있는 것 같은 느낌이 든다. 혀와 이 사이의 먼지 모래가 뜨거운 태양 아래서 그 온기 속에 녹아든다.


나는 처음에는 죽음의 위협에 대한 절박감 때문에, 그다음에는 꿈의 끔찍한 예언 때문에 패닉 상태로 꿈에서 깼다. 이것이 내 삶의 전부였던가? 희망 없는 희생자?

"게릴라 군인으로서의 자신에 대해 말해 봐요." 팸이 말했다 (역주 _ 이 부분은 꿈을 꾼 화자의 글이고, 팸은 이 책의 저자인 파멜라의 애칭이다).

"하지만 나는 군인이 아니에요. 그게 핵심이에요! 나는 땅 위에 있는 빌어먹을 희생자라고요. 군인들이 날 죽이려 하고 있어요." 나는 환자와 심리치료사 관계 이상으로 친밀해진 팸에게 숨 가쁘게 이 꿈에 대해 이야기했다.

내가 처음 팸에게 도움을 청한 것은 어머니가 돌아가시고 힘든 시간을 보낼 때였다. 우리는 일주일에 한 번 만나 내 삶을 지배한 한 여성에 대해 가지고 있던 모든 감정을 해부했다. 어머니는 내가 애정을 갈망한 대상이고, 애정을 받기 위해 노력했지만 결코 만족시키지도 못했고, 잘 알지도 못했던 그런 존재였다.

감정이 재정리되었을 때 내 힘은 증가했지만 다른 혼란이 다시 날 집어삼켰다. 나는 다시 팸의 안내와 지지가 필요했다. 그 혼란은 오랫동안 질질 끈 이혼이었다. 팸은 내가 죽음, 사랑과 일, 그리고 몇 가지 중요한 개인적인 상실 속에서 허우적거리는 것을 지켜보았다. 이 모든 것을 통해 내 내면의 배열 상태를 보았고 내 말과 주어진 상황 속에서 혼란의 의미를 즉시 이해했다. 한 마디로 우리는 같은 주파수대에 있었다.

"꿈에 등장하는 모든 인물이 당신이라고 보면 돼요. 군인으로서 자신을 말해봐요." 팸이 말했다.

내가 호흡을 골랐을 때 사무실은 매우 밝았다. 내 시선은 카펫에 있는 더러운 점들 위에서 작은 숫자 8을 만들며 빙글빙글 맴돌았다. 나는 나 자신을 꿈속의 군인으로 투영하면서 두 눈을 감았다.

"그녀는 … 아니 나는 … 명분에 헌신하고 있죠." 내가 말했다. "나는 훈련을 매우 잘 받은 사람이고 집중력이 있어요. 해야 하는 일에 대해 매우 분명하죠. 나는 내 아름다운 나라의 방어자이고 보호자예요. 그리고 침략자들에게 정당하게 화가 나 있어요. 나는 헌신적이며, 책임지고 자유를 수호하고 있어요."

"좋아요. 그럼 이제 한 나라로서의 자신을 말해봐요."

"나는 수세기 동안 이방인들에게 학대를 당했어요." 나는 정말 지금 그런 상태에 있었다. "그들이 내가 가진 자원을 고갈시켰어요. 자신들의 이익을 위해서 말이죠. 우리나라 사람들은 자신들이 가진 정당한 위상과 위치를 폄하하고 학대하고 부인했어요. 하지만 나는 여전히 값진 천연자원을 가지고 있어요. 이제는 우리나라 사람들이 그 자원을 책임지고 공익을 위해 이용할 때예요."

방 안에는 침묵이 흘렀다.

"그건 강력한 꿈이에요." 팸이 말했다.

"그럼 나는 단지 희생자가 아니라는 말인가요?"

"희생자는 당신의 오래된 자아예요. 이전의 당신이죠. 주변과 잘 지내기 위해 어쩔 수 없이 형성했던 자아죠. 이제 당신은 다른 선택을 할 수 있어요."

"나는 군인이에요. 나라이고, 빌어먹을 여군들의 군대이고."

"당신의 꿈이 그렇게 이야기하고 있어요."

침묵이 흘렀다.

"만약 내가 게릴라 군인이 될 수 있다면 헌신적이고 집중력 있고 훈련을 받은 것이 내가 가야 할 길이겠죠."

"좋은 말이군요."

"나는 내 자원들을 보존할 필요가 있어요. 에너지, 재능, 돈, 시간, 다른 사람들을 만족시키려고 애쓰면서 나 자신을 낭비하는 것을 멈춰야겠죠. 인정받으려고 애쓰면서."

"그래요."

"젠장, 어려워요."

"알아요. 하지만 당신은 할 수 있어요."

"그래요. 만약 나를 군인으로 생각하면 그건 분명해요. 고마워요. 정말 고마워요." 내 눈에서 눈물이 홍수처럼 쏟아진다.

"그건 당신 꿈이에요. 그리고 당신이 해석했어요. 내게 고마워할 필요는 없어요."

"그래요. 그건 내 꿈이에요. 하지만 당신이 이해하는 방법을 알려줬어요. 고마워요."


다음 주, 그리고 다음 달에 리즈는 자신의 세계로 돌아갔다. 리즈는 자신을 희생자가 아닌 전사로 굳건하게 세움으로써 새롭고 강력한 방식으로 여러 가지 어려운 상황에 맞섰고 정복했다. 나는 리즈가 자신을 위해 쓴 것 같은 꿈들을 특히 즐긴다. 그런 꿈에는 숨겨진 힘과 능력이 위협적이고 있을 법하지 않은 등장인물들을 통해 모습을 드러낸다.

# 자신의 상황을 명료하게
# 보여주는 이미지

이미지가 나를 구한 적이 있다. 나는 그 이미지가 보내는 메시지에 귀를 기울임으로써 방향을 바꾸었다. 이미지는 나의 내재된 자아가 내게 중대한 경고를 보낼 필요가 있을 때 나타났다. 내 심판자가 문제를 풀지 못하고 기진맥진한 채 잠시 중앙무대를 떠날 때 나의 다른 부분(내재된 자아)을 허용한 것이다.

한 가지 이미지는 내가 구조하려 했던 한 내담자와 관련된 것이었다. 그녀의 자살 행동은 도발적이었고 심각했다. 그리고 나는 그녀를 구하기 위해 '열심히 노력해라'에 매달렸다. 하지만 내 시도는 하는 족족 역효과가 났고 결과가 좋지 않았다. 이것은 앞에서 말한 적이 있는 전형적인 구조자 딜레마였다.

대개 나는 구조자 딜레마에 빠지지 않는다. 하지만 그녀의 고통과 그것에 동반되는 자살 위협과 시도는 나의 이전 행동을 다시 불러올 정도로 강력했다. 게다가 나는 여전히 내 존재에 대한 어떤 환상에 사로잡혀 있었고, 나 자신의 인간적인 한계를 받아들이지 않았다. 그녀 삶의 최종 책임자가 그녀라는 것도 보지 않으려고 했다. 나는 치료사로서 그녀의 행동을 거의 통제하지 못한다는 사실을 인정하고 싶지 않았다.

어느 날 내가 이 딜레마를 깊이 생각하고 있었을 때, 이미지 하나가 머릿속에 들어왔다. 나는 바다에서 수영을 하고 있었는데 내담자를 구해주기 위해 해안에서 점점 멀리 떠내려가고 있었다. 그녀는 탁 트인 바다에서 아무런 통제를 받지 않고 훨씬 더 빠른 속도로 수영하며 멀어져갔다. 나는 이 '영상'을 보면서 더이상 멀리 나가면 안전하게 돌아오지 못할 거라는 예감이 불현듯 들었다. 결국 나는 익사할 것이다. 몇 해 전에 바다에서 실제로 익사할 뻔한 경험이 있었기 때문에 이것은 내게 상당한 영향을 미쳤다.

이 이미지는 내가 처한 상황을 매우 명료하게 보여줬다. "그림 하나에 천 마디 말의 가치가 있다."는 오래된 경구는 틀린 말이 아니었다. 나는 내가 빠진 딜레마와 그 심각성, 허약함을 마침내 인정했다. 또한 끝없이 구조하려는 나의 시도가 그녀의 자살 행동을 더 강화시킬 수도 있음을 깨달았다. 마침내 나는 내려놓았다.

자발적으로 생성된 이미지에는 매우 강력한 힘이 있다. 우리는 자신에게 정보를 요청하고, 이미지건 언어건 꿈이건 간에 그것을 통해 나오는 답을 수용함으로써 이 과정을 보완할 수 있는 것이다.

이미지 형상화를 치료에 이용하는 생각은 암 전문가 칼 시몬톤(Carl Simonton), 스테파니 메튜 시몬톤(Stephanie Matthews

Simonton), 제임스 크레이톤(James Creighton)이 그들의 저서 『Getting Well Again(다시 건강을 회복하며)』에서 처음 언급했다. 이 전문가들은 우리가 불러일으키는 이미지와 생각이 치유에 긍정적인 역할을 하는 것을 발견했다. 거대한 백상어가 암세포를 먹고 파괴시키고 있는 모습을 상상하는 것만으로도 암이 심각하게 진행된 환자들에게 유익했다.

저서 『Healing Yourself(자신을 치유하기)』에서 마틴 로스만 (Martin Rossman) 박사는 이미지 형상화를 사용해 내부 치료자 (이를테면 심리 개념의 안내자와 비슷한)와 접촉하는 것에 대해 기술했다. 때로는 현인이고 때로는 동물로 시각화되는 이 치유자는 내재된 자아처럼 환자에게 지혜의 말을 전해준다. 우리도 이런 내적인 힘을 만들 수 있는 능력이 있다. 의심스러우면 매일 밤낮 우리가 꾸는 꿈이 얼마나 창의적인지 기억하면 된다.

자아의 지혜와 관련된 우화 하나가 '부처의 가르침' 속에 있다. 한 남자가 강을 따라 걷고 있었다. 길이 암석과 덤불과 나무로 덮혀 있어 지나가기가 어려웠다. 그러다가 맞은편 강둑이 훨씬 더 부드러운 것을 알아차렸다. 그곳은 길을 막는 울창한 덤불이 없는 모래 해변이다. 그래서 그는 뗏목을 만들어 맞은편으로 건너가기로 결심했고, 강을 건너자마자 둑이 평평하고 아무런 장애물이 없는 것을 확인했다. 안도감을 느낀 그는 강을 건너기 위해 만들었던 무거운 나무 뗏목을 등에 짊어지고 힘든 여행을 계속했다. 여기서 이런 질문을 할 수 있다. "과연 저 남자는 현명한 사람일까?"

## 신체적인 증상이
## 우리에게 보내는 메시지

신체적인 증상도 우리에게 '감정, 이미지, 꿈에 귀를 기울여라.' 라는 메시지를 준다. 우리 내부에 있는 판단의 자아는 지휘자의 지휘봉을 따르려고 하지 않는다. 그래서 내재된 자아는 우리가 듣지 않을 수 없는 메시지를 준다.

한 예로 나의 한 내담자(이제부터 제이슨이라고 부르겠다)는 요통으로 앓아누웠을 때 그런 메시지를 받았다. 제이슨은 바닥에 등을 대고 꼼짝 않고 누워 있어야 했고, 더이상 살인적인 일정을 소화할 수 없었다. 제이슨은 자신의 일을 해야 하는 것으로 여겼기 때문에 개인적 · 신체적 · 심리적 한계를 두지 않았다. 또 작업 생산성이 높을수록 자부심을 느꼈고, 자신이 그다지 필요하지 않으면 수치심을 느꼈다.

처음에 제이슨은 이 사실에 "절대로 있을 수 없어요."라며, 격분하고 불평했다. 제이슨은 자기 몸을 기계처럼 생각했기 때문에 몸이 뭔가를 요구하고 필요해지자 질겁했다. 대개 이런 사람들은 어린시절의 해로운 메시지를 그대로 따라하는 경향이 있다. 욕실에서 너무 오래 있었다고, 혹은 아프다고 부모가 스트레스를 받거나 화를 냈던 경험이 있을 것이다.

제이슨의 등은 회복되지 않았다. 제이슨의 심판자가 그렇게 결정했기 때문이다. 일과 신체적인 활동을 할 수 없었던 제이슨은 자신의 내부 자아와 친해질 수밖에 없었다. 제이슨은 점차 긴장을 풀기 시작했고 이전에 미처 알지 못했던 즐거운 감정을 경험하기 시작했다. 갑자기 '강박적 목록'에 희생되었던 모든 활동, 즉 책을 읽는 것, 명상에 잠기는 것, 생각하고 계획을 세우는 것 등을 다시 하기 시작했다.

제이슨은 병에서 회복되자 응급 사태에 앞서 나타났던 과도한 스트레스의 작은 신호들을 확인하기 시작했고, 다른 사람들과의 관계에서 한계를 설정함으로써 자신에게 지속적으로 시간과 공간을 허락했다. 그리고 좀더 선택적이 되었고, 창의성에 더 많은 공간을 허락했다. 판단 포지션의 규칙과 요구는 높은 성취를 막고, 당연히 우리가 행복해지는 것을 막는다.

한때 내가 썼던 '감옥'이라는 시에는 이것에 맞는 후렴이 들어 있다.

네 안에 있는 감옥은

숲과 돌로 둘러싸인 것이 아니다.

만약 규칙을 죽일 수만 있으면

너와 나는 말을 타고 가버리리.


존 버나드 쇼는 부모에게 돌려주지 못하고 자녀들에게 물려주는 것이라고 말했다. 하지만 판단의 규칙을 원래 주인에게 돌려주면 우리는 내부 감옥을 떠나 자신에게 새로운 것을 허락한다.


## 자아에 귀를 기울이지 않았을 때
## 치르는 비용


노만 커즌스(Norman Cousins)는 『웃음의 치유력(Anatomy Of An Illness)』이라는 탁월한 책에서 '고통은 최후의 적이 아니다.'라는 주제를 한 장 전체에서 다룬다. 커즌스는 말한다. "고통에 관한 것 중에서 가장 무시되는 사실이 있다. 고통을 없애는 제일 좋은 방법은 약을 남용하지 않는 것이다. 많은 사람들이 거의 본능적으로 아스피린, 바르비투르, 코데인, 진정제, 수면제 같은 진통제뿐만 아니라 비슷한 진통제들, 통증을 둔감하게 만드는 약에 손을 뻗친다."

커즌스는 닥터 폴 브랜드(Paul Brand)의 나병 연구를 예로 들면서 어떤 신호로써 발생하는 고통의 유효성을 옹호한다. 브랜드는 나병이 신경종말이 죽는 병임을 발견했다. 심신을 쇠약하게 만드는 나병의 특성들(손가락이나 발가락 상실, 시력 상실)은 질병 자체의 징후가 아니라 통증 수용체가 상실되었기 때문에 나타난다. 나병 환자들은 뜨거운 물건에 손을 댔을 때도 떼지 않기 때문에 심각한 부상을 입는다. 게다가 눈이 건조해져도 눈을 깜박이지 않기 때문에 시력을 잃는다.

브랜드의 연구를 요약하면서 커즌스는 이렇게 언급한다. "그는 의사로서 통증이 없는 사람들에게 통증을 돌아오게 할 수만 있다면 어떤 것이라도 마다하지 않았다. 통증은 신체를 온전하게 방어하는 경고 시스템이면서 보호 메커니즘이기 때문이다."

매우 인상적인 이 설명을 많은 내담자들에게 들려줬다. 통증이란 말 대신 분노·슬픔이라는 말로 대체해도 맥락은 다르지 않다. 감정 역시 내재된 자아가 우리에게 현재 상태를 바꿀 필요가 있음을 말해주는 경고 수단이다. 감정은 우리에게 '강요된 자아'가 너무 가혹하고, 외부환경이 해롭고, 변화가 필요함을 알려주는 것이다.

이 메시지를 무시하고 자각하려 하지 않는 것은 나병 환자들이 행동하는 것과 같다. 나병 환자들이 신체적 손상을 입는 것처럼, 피로·슬픔·우울 같은 감정에 귀를 기울이고 존중하지 않는 사람은 정신적 손상을 입는다.

일단 내재된 자아에 귀를 기울이기 시작하면, 당신이 진짜 흥미로워하는 것이 현재 직업과 별 관련이 없다는 것을 알게 될지도 모른다. 아마 가장 즐기는 일을 하며 시간을 보내는 것을 허락하지 않음을 발견하게 될지도 모른다. 또 친구와의 관계가 상호구조 작용에 불과하다는 것을 발견하거나 연애가 내재된 자아에 거의 연결되어 있지 않다는 것을 발견하게 될지도 모른다. 이런 발견에 눈을 뜨면 당신은 내재된 자아를 부인하는 것이 나중에 얼마나 비싼 비용을 치르는지 알게 될 것이다.

나는 자신을 보호하고 돌보는 새로운 방식을 발달시키지 않으면 육체적으로 완전히 무너질 수밖에 없는 사람들을 치료한 적이 있다. 그 중 한 명이 내게 이렇게 말했다. "나는 이곳과 열 배 이상 돈을 지불해야 하는 병원 사이에서 이곳을 선택했어요."

생명을 위협하는 정신·신체 질병들(암, 당뇨병, 관상동맥질환)은 삶을 바꾸지 않으면 죽는다고 말한다. 셜리 루스만(Shirley Luthman)이 『Collection 1979(콜렉션 1979)』에 이렇게 언급한 것처럼 말이다. "어떤 사람들의 강성 구조는 너무 강력해서 오직 죽음의 위협만이 그것을 흔들 것이다."

# 자아를 따라갔을 때 생기는
# 긍정적 결과

린다는 여러 해 동안 힘든 과정을 겪은 후에 마침내 경제적으로 안정되고 사회적 권위를 인정받은 결혼생활에 종지부를 찍었다. 이혼한 그 순간부터 편안하고 평온한 느낌을 맛보았다. 하지만 자기결정의 강한 내부 확인에도 불구하고 순간순간 잘못 판단을 한 것은 아닌지 계속 의심했다.

다행히도 린다는 내부에서 나타나는 반응에 유심히 귀를 기울였다. 어느 날 내게 이렇게 말했다. "뭔가 새로운 일이 일어났어요. 전날 기분이 좋아서 나 자신에게 미소를 지었죠. 누구에게도 미소를 짓지 않고, 어떤 특별한 이유에도 웃지 않는 내가 그냥 나 자신이 좋아서, 내가 하는 일이 좋아서 미소를 지은 거예요. 이전에는 그런 적이 없었어요. 단 한 번도요!"

내부 신호를 따라가다보면 평온한 감정에 에너지가 상승하기도 한다. 린다는 앞으로 하고 싶은 일에 대해 생각나는 대로 끝없이 말했다. "이번 주에 얼마나 많은 생각을 했는지 선생님은 모르실 거예요!" 린다가 소리쳤다. "그냥 떠올랐어요. 에너지가 넘쳐흘러서 마치 물 위에 둥둥 떠 있는 거 같아요. 더이상 슬프지 않아요."

린다의 에너지는 린다의 새로운 환경뿐만 아니라 새로운 결정을 반영하고 있었다. 그것은 더이상 자신을 질책하지 않고, 더이상 우울해하지 않겠다는 것이었다.

내재된 자아를 따라가는 것은 스트레스 감소로 이어진다. 우리는 자연스러운 속도 이상으로 자신을 몰아가거나 밀어붙이는 것을 거부함으로써 우리 능력 수준에 맞는 스트레스의 기어를 넣을 것이다. 그러면 암 전문가인 칼 시몬톤과 스테파니 메튜 시몬톤이 말하는 '아프기 전보다 더 건강한 상태(weller than well)'가 될 수 있다.


## 자아를 이해하면
## 타인을 이해할 수 있다

우리가 내재된 자아를 수용하고 존중하기 시작하면 타인에 대한 이해와 허용 또한 같은 수준으로 발달한다. 우리는 그들이 자신의 감정에서 배우고, 자신의 내부 신호에 귀를 기울이도록 허락하기 시작한다.

이런 지지는 무엇보다도 아이들 문제를 다룰 때 특히 중요하다. 우리는 아이들에게 실수를 통해 배워가며 천천히 걷는 것을 허락할 수도 있고, 반항적 행동만 불러일으키는 완벽주의라는 외줄타기를 강요할 수도 있다.

제이미는 그런 외줄타기 속에서 자랐다. 비록 지금은 성인이고 제이미 또한 부모가 되었다고 해도 여전히 어릴 때와 똑같이 어머니의 심판자에 반응하고 있다. 제이미는 농담을 하듯이 어머니와 나누는 대화의 원형을 말해줬다.

**엄마** 잘 지내니?

**제이미** 네, 잘 지내요.

**엄마** 별일은?

**제이미** 없어요.

**엄마** 어디 가니?

**제이미** 밖에요.

나는 제이미에게 말했다. "어머니의 심판자를 아예 묶어버리는군요."

내 말에 제이미는 웃음을 터뜨렸다. "그런 생각을 해본 적은 없어요. 하지만 당신 말이 맞아요. 나는 지금도 어머니와 나누고 싶은 것이 많아요. 하지만 어머니는 말꼬리만 붙잡고 늘어져요. 나는 그것에 대처할 정도로 아직 강하지 못하고요. 그래서 애초에 어머니를 막아버려요. 내가 그렇게 당했기 때문에 내 아이들에게는 판단적인 반응을 하지 않으려고 조심하고 있어요. 아이들이 모든 것을 정확히 하지 않아도 있는 그대로 받아들이려고 애쓰고 있죠."

코르넬리어스 리안(Cornelius Ryan)은 『A Private Battle(사적인 전투)』에서 아들 제프와의 관계를 이렇게 말한다. "제프는 언제나 침울하고 말이 없어요. 그 아이가 네다섯 살 때 찍은 사진을 보면 삶의 즐거움과 사람에 대한 사랑으로 행복해하던 모습들이 보여요. 우리가 그것을 밟아뭉갠 것일까요? 내가 그 애를 어부, 사냥꾼, 운동선수로 만들기 위해 거세게 몰아붙인 것일까요? 우리는 그 아이가 최선을 다하길 원했을 뿐이에요. 하지만 그건 우리 생각이겠죠. 우리 관점에서나 최선인 거겠죠. 우리가 시킨 일을 그 아이가 시도하고 잘해내지 못했을 때 아이를 힘들게 했어요. 막 열일곱을 넘긴 아이가 그토록 침울하고 적대적이 된 것은 어쩌면 당연한 결과일까요?"

리안은 부모가 자라는 아이에게 요구를 하는 것은 자식을 성공시켜야 한다는 책임을 느끼기 때문이라고 말한다. 하지만 심판자의 '좋은 의도'는 사기가 저하된 아이에게 연좌농성을 하게 만드는 역효과를 낳는다.

부모들은 때로 말한다. "아이들이 천천히 하도록 놔두는 것도 좋지. 하지만 세상에서 벌어지는 경쟁이 얼마나 심한지 봐. 자신을 찾는 것? 그런 사치를 즐기고 있을 때가 아니야. 세게 밀어붙여야 하고 더 좋은 대학에 가야 해. 그것이 아이의 인생을 결정할 거니까."

『Profound Simplicity(심오한 단순)』라는 책에서 윌 슈츠(Will Schutz)는 자신의 아들 칼렙이 고등학교를 자퇴하기로 결정했을 때 이런 딜레마에 직면했다. 칼렙은 아버지의 반대에 이렇게 맞섰다. "사람은 누구나 자기 에너지에 따라 살아야 한다고 아버지께서 말씀하셨어요. 내겐 학교로 향하는 에너지가 없어요. 난 학교 가는 것이 싫어요. 하지만 새벽 2시까지 자지 않고 지금 내가 하는 일을 해요. 매일 밤마다 볼링도 치러 가죠."

슈츠는 머리로 자기 에너지를 따르는 것이 이득이 된다는 것을 알면서도, 마음으로 아들의 결정을 받아들이는 것이 쉽지 않았다. "내가 챔피언이 되게 했던 믿음이 내 머리 꼭대기에서 목구멍까지 내려왔어요." 슈츠는 인정했다.

이후에 슈츠는 독자들에게 최근 소식을 전했다. 칼렙은 어떻게 되었을까? 칼렙은 학교를 자퇴해 벤처 사업을 했는데 실패했고, 볼링장에서 많은 시간을 보내기 시작했다. 결과적으로 최고의 볼링 선수가 되었지만 모든 것에 흥미를 잃었다. 그 시점에 칼렙은 단호하게 고등학교 검정고시를 준비하기 시작했다. 그리고 검정고시를 통과해 동급생들보다 한 해 앞서 주니어 컬리지에 입학했고, 볼링 토너먼트 상금으로 등록금 일부를 지불했다. 캘리포니아 대학으로 전입해 영예 졸업을 했고 지금은 UCLA 대학원에 합격했다.

대부분의 사람들이 잘못된 판단이라고 생각하는 칼렙의 결정은 놀라운 효력을 발휘했다. 만약 칼렙이 대학으로 돌아가지 않았다면 어떻게 되었을까? 아마도 자신의 일이나 벤처 사업에 만족했겠지만, 그것이 달리 문제될 것이 있겠는가? 많은 젊은이들은 열여덟 살에는 학업에 몰두하지 않는다. 실제로 더 늦은 나이에 삶을 직접 경험하고 그들이 추구했던 문제에 대해 더 많이 자각하게 되면서 공부에 눈을 떠 더 잘해낸다.


## 바뀐 자기대화는
## 완전히 새로운 삶을 창조한다

겨울 내내 감기를 달고 살면서 스키 휴가 전체를 반납하고 곽티슈를 옆에 두고 겨울을 보낸 후에, 나는 병이 날 정도로 과로할 필요가 없다고 결론을 내렸다. 이 결정은 쉽지 않았다. '네가 계속 이런 식이면 결국 모든 것을 잃을 거야.' 같은 극단적인 자기 경고가 자주 나타났다. 게다가 늘어난 자유시간은 나 자신에 대한 새로운 시각을 요구했다.

내 몸이 연이은 감기를 통해 내게 말을 하고 있다는 것을, 그리고 만약 내가 귀담아 듣지 않는다면 더 강력한 메시지를 보낼 것임을 인정하고 나는 스케줄을 조정했다. 자영업이기 때문에 일의 양을 조절하는 것이 생각보다 어렵지 않았다. 내가 일반 직업이 요구하는 표준 시간보다 더 많이 일하고 있다는 사실은 내 심판자의 요구가 어떤 것인지를 보여준다.

비록 마음대로 시간을 바꿀 수는 없더라도 스트레스 지수를 줄일 수 있는 방법은 얼마든지 있다. 예를 들어 조이스는 내게 사무실에서 자신을 괴롭히던 두통이 사라졌다고 말했다. '완벽해라' 조종자를 쫓아버림으로써 훨씬 편안해질 수 있었다.

조이스가 완벽할 필요가 없음을 처음 깨달은 것은 여동생에게 편지를 보냈을 때였다. 조이스는 봉투에 잘못 적은 부분을 다시 쓰지 않고 그 위에 두 줄을 그어 처리했다. 그리고 동생에게 그것을 조심스럽게 언급했을 때 여동생은 그런 것이 있었는지 알아차리지도 못했다고 솔직하게 말했다. "내 완벽주의는 비싼 비용을 치르게 할 뿐만 아니라 불필요하다는 것을 알게 되었어요." 라고 조이스는 말했다.

해로운 '강요된 자아' 메시지가 확산되어야만, 아니 확산될 때에만 내재된 자아가 완전히 나타난다. 지위, 돈, 성공, 명성, 심지어 사랑을 위해 싸우라고 요구하는 심판자의 압박감이 참기 힘든 한계에 도달할 때 내재된 자아는 자동적으로, 그리고 자연스럽게 출현한다.

몇 주 전에 나는 거의 천장 높이까지 자란 나무를 다른 곳으로 옮겼다. 그 나무는 옮기기 전에는 실제로 천장에 닿지 않았음에도 성장을 멈춘 상태였다. 하지만 며칠 후에 풍성한 새순을 틔웠다. 이전 크기의 두 배였다.

나무가 뻗어가도록 넉넉한 공간을 주는 것처럼, 당신도 억압하는 판단 구조 너머로 자신이 움직일 수 있는 공간을 주어야 한다. 그러면 자신의 새로운 면을 자발적으로 솟아나게 할 수 있다. 새로운 에너지, 새로운 아이디어, 새로운 성장의 풍성함을 경험할 수 있을 것이다.

당신은 어쩌면 자신이 수용한 성장 모델 안에서 생활환경을 바꾸기 위해 급격하게 단계를 밟을 수 있다. 새로운 곳으로 이사할 수도 있고, 리모델링을 할 수도 있다. 새로운 작업시간이나 새로운 직업을 찾을 수도 있으며, 파트너와 친구들과의 관계를 재조정하고 새롭게 형성할 수도 있다. 이런 가시적인 변화는 자기대화에 대한 당신의 자각이 증가했음을 나타내는 것이다.

마지막으로 당신은 자신의 정당한 직함을 주장하고 강조할 것이다. 자신에게 재산권을 설정하면서 단호하게 말해보자. "무엇보다도 난 내 것이다."

자신을 있는 그대로 인정하고 받아들임으로써 당신은 심판자가 강요한 구시대적 한계를 극복할 것이다. 인공적이고 덧입혀진 껍질을 제거해, 마침내 자신의 원래 모습인 진정하고 진실된 자아를 회복할 것이다.

이 아름다운 자아를 인정하자. 자신의 창의성, 에너지, 생동감을 경험하자. 자신에게 하는 말을 바꾸는 것은 완전히 새로운 삶을 창조하는 것이다.

**더 인정받지 않아도 괜찮아!**
**더 완벽해지지 않아도 괜찮아!**
# 더 강해지지 않아도 괜찮아!

세상에서 가장 재미있는 프로이트 이야기

## 프로이트를 좋아하는 사람이라면 꼭 알아야 할 것들

베벌리 클락 지음 | 박귀옥 옮김 | 값 15,000원

우리에게 친숙한, 누구나 한 번쯤은 들어보았을 심리학자 프로이트의 새롭고 다양한 모습을 볼 수 있는 심리서다. 이 책은 지금까지와는 다른 프로이트의 모습을 보여준다. 프로이트의 사상은 우리의 경험에 대해 다시 생각해볼 기회를 제공하며, 그의 분석은 새로운 생각과 삶의 방식을 등장시켰다. 이 책을 통해 살아 있다는 것이 무엇을 의미하는지, 특히 진정으로 산다는 것이 무엇인지 새롭게 조명해보자.

---

지나친 수줍음에는 마음챙김이 답이다!

## 마음챙김으로 불안과 수줍음 치유하기

스티브 플라워즈 지음 | 이현주 감수 | 정지현 옮김 | 값 15,000원

수줍음과 사회불안장애로 고통받는 사람들에게 마음챙김 수행법을 쉽고 재미있게 알려주어 불안과 수줍음을 줄일 수 있도록 도와주는 심리 치료서다. 미국의 저명한 심리학자인 저자는 지나친 수줍음의 문제를 극복할 수 있는 마음챙김의 기술과 지혜를 소개한다. 마음챙김 수행법을 연습하고 훈련할 수 있도록 구성된 이 책은 수줍음과 불안 등으로 사회생활이 힘든 사람에게 실질적인 도움을 준다.

---

강박장애에 효과적인 인지행동치료의 모든 것

## 끊임없는 강박사고와 행동 치유하기

크리스틴 퍼든·데이비드 A. 클라크 지음 | 최가영 옮김 | 값 15,000원

강박장애 환자들이 강박사고를 다스리고 정상적인 삶을 되찾기 위해 활용할 만한 효과적이고 실용적인 치료법을 담고 있는 강박장애 전문서다. 10여 년째 강박사고와 강박행동에 대해 연구하고 있는 저자들이 직접 임상 연구를 통해 증명한 훈련법을 소개해 독자 스스로 실행할 수 있도록 돕는다. 폭력이나 성(性)에 관한 강박사고, 종교적 강박사고, 그 밖의 강박사고로 고통받는 사람이라면 이 책을 꼭 읽어봐야 한다.

---

영화로 나를 치유하다

## 심리학자와 함께 가는 치유의 영화관

이계정 지음 | 값 15,000원

갈등을 통해 성장하는 우리의 모습을 영화를 통해 비추어본 심리서로, 누구나 경험할 수 있는 좌절의 순간들을 떠올리고 공감해준다. 나아가 독자들이 스스로 해결책을 찾아가기를 바라는 마음을 담았다. 영화 속 인물들의 심리를 들여다보면 자신의 감정을 자각할 수 있다. 있는 그대로의 자신을 수용하고 마음의 상처를 떠나보내자. 이 책을 읽고 나면 스스로 치유하는 힘을 얻을 수 있을 것이다.

사람의 성격을 바꾸는 성격 재탄생의 해답

## 어떻게 성격을 바꾸는가

헨리 켈러만 지음 | 마도경 옮김 | 값 15,000원

심리학에서 가장 핵심적인 문제인 사람의 성격이 어떤 과정을 거쳐 형성되는지를 규명한 책이다. 저자가 그간의 오랜 연구와 철저한 사례 분석을 통해 확인하고 설명한 성격 스타일은 모두 12가지로, 분노를 관리하는 독특하고 강력한 원리들을 철저히 분석했다. 자신에게 유용한 성격 스타일을 더욱 향상시키고, 도움이 되지 않는 성격 특성은 약화시킴으로써 성격을 지금보다 한 단계 업그레이드시킬 수 있다.

과도한 불안은 조절할 수 있다!

## 불안에 대한 거의 모든 것

유상우 지음 | 값 15,000원

이 책은 사회불안을 중심으로 특정공포, 범불안(GAD)을 비롯한 '나를 좀먹는 불안'의 실체와 치료법을 소개하는 안내서다. 불안장애 및 공황장애 전문가로서 다수의 불안장애 환자들을 치료해온 저자의 실제 상담 사례를 수록했으며, 인지훈련 · 노출훈련 · 호흡훈련 · 이완훈련 등 확실하게 효과가 검증된 치료 방법들도 소개하고 있어 불안을 겪고 있는 사람들에게 실질적으로 도움을 준다.

심리학, 이보다 더 쉬울 수 없다!

## 처음 시작하는 심리학

조영은 지음 | 값 16,000원

80개의 심리학 개념어를 모아 체계적이면서도 쉽고 재미있게 풀어낸 심리학 입문서다. 가장 기본적이고 핵심적인 것들만 엄선해 심리학을 공부하기 시작한 독자들이 이 책을 통해 탄탄한 기초를 잡을 수 있도록 도와준다. 또 각 이론의 정의와 특징을 단순히 나열하는 것이 아니라 일상생활에서 한 번쯤 경험했을 만한 심리학적 현상, 각각의 이론과 관련된 흥미로운 실험까지 다루어 설명함으로써 누구나 한 번에 이해할 수 있도록 했다.

중독자와 그 가족들을 위한 최고의 지침서

## 사랑하는 사람이 중독에 빠졌다면

제프리 푸트 외 지음 | 신성만 · 정금년 · 조용혁 옮김 | 값 18,000원

이 책은 중독치료 분야 최고의 지침서로, 뉴욕의 중독치료센터인 CMC에서 실제로 실시하고 있는 근거중심 치료법인 'CRAFT(공동체 강화와 가족 훈련)'를 중점적으로 다룬다. 실제 CMC에서 중독치료 분야에 헌신하고 있는 이 책의 저자들은 기존의 중독치료와 달리 가족의 개입이 중독자를 도와줄 수 있다고 강조하며, 실제 사례와 연구 결과를 통해 얻은 유용한 전략과 정보들을 알기 쉽게 소개해주고 있다.

충만하고 행복한 노년을 맞이하는 지혜!

## 키케로의 노년에 대하여

키케로 지음 | 정영훈 엮음 | 정윤희 옮김 | 값 13,000원

인간이라면 누구나 경험하는 노년에 대한 막연한 두려움과 잘못된 인식을 바로잡고 노년이 지닌 장점들을 정리한 책으로, 노년을 행복하게 보내는 지혜로운 방법을 담았다. 비단 노년기에만 국한되지 않고 인간으로서 주어진 삶을 어떤 마음가짐으로 지내야 하는지에 대한 처세술이 담겨 있다. 선인의 지혜를 읽으며 자신의 인생을 보다 값지게 마무리할 수 있는 기회를 놓치지 않길 바란다.

하루 5분 논어와 만나는 시간

## 내 인생에 힘이 되는 논어

권경자 역해 | 값 19,000원

『논어』 498장을 완역한 이 책은 특히 논어를 처음 첩하는 입문자들에게 유용하다. 각 장마다 역해자의 친절한 강(講)이 달려 있어 어렵게만 느껴지던 『논어』 독해가 쉬워진다. 권경자 교수가 역해한 이 책은 친절한 '『논어』 읽기 지도'다. 원문을 최대한 현대어에 가깝게 직역한 후 단어를 풀이하고, 이해를 돕기 위해 강을 붙이는 등 이 책만으로도 『논어』라는 거대한 산을 등반하기에 어려움이 없길 바라는 역해자의 바람을 담았다.

옳다고 생각하는 원칙을 지키며 살아라!

## 소크라테스의 크리톤

플라톤 지음 | 김세나 옮김 | 값 12,000원

이 책은 플라톤이 남긴 소크라테스의 최후의 행적을 담은 4대(『변론』, 『크리톤』, 『파이돈』, 『향연』) 대화편 중 하나로, "국가와 법의 명령에 무조건 복종해야 하는가?"라는 주제를 소크라테스와 크리톤의 대화를 통해 다루고 있다. 탈옥을 권유하는 크리톤에게 소크라테스는 국법의 관점에서 반박논변을 펼친다. 이를 통해 삶을 살아가는 것이 아니라 잘 살아가는 것을 더 중요하게 생각하는 것이 의미 있다는 가르침을 준다.

음악평론가 최은규의 클래식 감상법

## 클래식을 좋아하는 사람이라면 꼭 알아야 할 52가지

최은규 지음 | 값 16,000원

이 책은 클래식 감상의 즐거움을 극대화해줄 매력적인 클래식 입문서다. 음악칼럼니스트로서 월간 〈객석〉과 네이버 캐스트 등 여러 매체를 통해 활동하고 있으며, 음악평론가로서 연합뉴스 등에 주요 음악회 리뷰를 기고하는 등 다방면에서 활동중인 저자가 말하는 클래식 이야기는 클래식 감상의 또 다른 세계로 독자들을 안내한다. 클래식 감상의 묘미를 더하는 저자의 매혹적인 이야기는 클래식 감상의 수준을 한 단계 끌어올린다.

꽃 그리기, 이보다 더 쉬울 수 없다

## 누구나 쉽게 따라 하는 꽃 그리기

김규리 지음 | 값 25,000원

이 책은 처음 꽃을 그리는 사람이어도 보다 쉽게 꽃 그림을 그릴 수 있도록 구성했다. 실제로 그림을 그리기 전에 알아두어야 할 기초 지식들을 상세히 설명해주어 기본기를 확실하게 잡을 수 있게 했으며, 기존의 책들과는 달리 다양한 꽃들을 풍부하게 다루어 종류별로 충분히 연습할 수 있도록 했다. 이 책에 나온 다양한 꽃들을 따라 그리다 보면 어떤 꽃을 마주하더라도 당황하지 않고 자신 있게 그림을 그리게 될 것이다.

영화를 통해 심리학, 정신병리를 들여다본다!

## 영화 속 심리학 2

박소진 지음 | 값 16,000원

이 책은 영화 속의 등장인물들을 통해 '정신병리'를 보다 쉽게 이해하고 접근할 수 있도록 했다. 전 세계에서 공식적으로 통용되는 '정신질환 진단 및 통계 편람(DSM-IV와 DSM-5)'의 진단체계와 심리학자 칼 융(C. G. Jung)의 '분석심리학'을 기반으로 영화 속 등장인물들을 분석하고, 저자의 실제 상담사례와 의견도 곁들였다. 친숙했던 영화에 낯설었던 정신병리가 접목되어 정신병리의 기초 지식을 쌓는 데 좋은 기회가 될 것이다.

소크라테스의 진면목이 압축된 불멸의 고전!

## 소크라테스의 변론

플라톤 지음 | 김세나 옮김 | 값 13,000원

이 책은 소크라테스의 법정 변론을 그의 제자 플라톤이 정리한 불후의 명저로, 소크라테스가 처형된 후 몇 년에 걸쳐 집필된 것으로 알려져 있다. 인간으로서 훌륭한 덕을 취하고자 노력하고, 끊임없이 반성하며 살아가는 것이 소크라테스 철학의 요체였기에, 그의 변론과 증언은 진정한 삶과 지혜란 무엇인지 일깨워준다. 부와 명예에 눈이 멀어 내면의 가치와 진실이 외면당하는 요즘, 소크라테스의 외침은 우리에게 깊은 깨달음을 줄 것이다.

가족 문제의 해결을 위한 아들러의 메시지

## 위대한 심리학자 아들러의 가족이란 무엇인가

알프레드 아들러 지음 | 정영훈 엮음 | 신진철 옮김 | 값 15,000원

개인심리학의 창시자이자 프로이트, 융과 함께 세계 3대 거장으로 손꼽히는 알프레드 아들러는 삶의 문제가 언제나 생애 초기의 가족 경험에서 시작된다고 주장한다. 아울러 삶의 의미가 어떻게 형성되고 서로 어떻게 다른지 이해하는 것이 중요하다고 재차 강조한다. 이 책은 가정 내 역할, 올바른 양육 방식, 그리고 가족문제가 발생하게 된 최초의 오류를 찾는 데 도움이 될 것이다.

하나만 다르게 행동해도 인생이 달라진다!

## 해결중심치료로 상처 치유하기

빌 오한론 지음 | 김보미 옮김 | 값 15,000원

미국 심리학계의 거장 빌 오한론은 '해결중심치료법'이라는 새로운 치료법을 만들어 미국 내에서 상당한 성과를 보이며 큰 인기를 얻었다. 이 책은 그러한 빌 오한론의 해결중심치료법을 다룬 책이다. 이 책에서 제시한 해결중심치료법을 마음에 새겨 행동으로 옮겨보자. 당신의 머리를 아프게 했던 다양한 문제들의 해결책이 그리 어렵지 않음을 알게 될 것이다.

남과 나를 비교하지 않는 용기가 필요하다!

## 왜 나는 계속 남과 비교하는 걸까

폴 호크 지음 | 박경애 · 김희수 옮김 | 값 15,000원

많은 사람들이 다른 사람과 자신을 비교하면서 별것도 아닌 일로 스스로를 '형편없는 인간'이라고 단정짓는다. 세계적인 임상심리학자이자 이 책의 저자인 폴 호크는 열등감은 남과 자신을 비교하는 것에서 비롯된다고 강조한다. 이 책은 자기수용을 하지 않고 주변 사람들의 평가에만 귀 기울이는 것이 신체적·육체적으로 어떤 부정적인 결과를 낳는지 설명하고, 열등감을 극복하기 위한 구체적인 방법을 인지정서행동치료에 기초해 제시한다.

중독 가정 아이들을 위한 단 한 권의 책!

## 중독 가정 아이들이 회복에 이르는 길

제리 모 지음 | 김만희 · 정민철 · 구도연 옮김 | 값 15,000원

이 책은 저자가 그동안 어린이 프로그램을 운영하고 개발하면서 느낀 것들과 함께 아이들을 치유하는 데 도움을 줄 수 있는 노하우, 아이들이 알아야 할 중요한 원칙과 교훈, 회복과 치유에 성공적인 방법과 피해야 할 위험요소, 실제로 적용해볼 수 있는 프로그램 활동 등을 잘 정리해놓은 개요서다. 프로그램에 참여한 가족과 아이들의 실제 사례가 담겨 있어 그 내용이 매우 생생하게 전달된다.

관계 회복의 첫걸음은 바로 당신 안의 용기다!

## 관계를 회복하는 용기

박대령 지음 | 값 15,000원

현대 사회에서 관계를 맺는 일에 상처를 받았거나 괴로워했던 사람들이 자신을 사랑하고 타인과 원활한 관계를 맺을 수 있는 심리학적 실천 방법을 다룬다. 먼저 나 자신을 사랑하고 스스로 관계를 맺는 방법부터 타인과 소통하는 방법, 더 나아가 세상을 보는 눈을 기르는 방법까지 소개한다. 대인관계 문제로 고민한 적이 있다면 이 책에서 자신의 문제를 발견하고 제시된 해결법을 통해 인생의 새로운 차원을 열 수 있을 것이다.

### 인간에 대한 위대한 통찰
# 몽테뉴의 수상록
몽테뉴 지음 | 안해린 편역 | 값 13,000원

가볍지도 과하지도 않은 무게감으로 몽테뉴는 세상사의 다양한 주제들에 대해 본인의 견해를 자신 있고 담담하게 풀어낸다. 이 책을 읽으며 나의 판단이 바른지, 내가 지금 제대로 살고 있는지, 앞으로 어떻게 살아야 하는지 등을 수없이 자문해보자. 원초적인 동시에 삶의 골자가 되는 사유를 함으로써 의식을 환기하고 스스로를 성찰하며 인생의 전반에 대해 배우는 계기가 될 것이다.

### 사진가 김완모의 아주 특별한 인물사진 수업!
# 인물사진 잘 찍는 법
김완모 지음 | 값 17,000원

가장 흔한 피사체이면서도 가장 까다롭고 섬세한 인물을 프레임에 완벽히 담아내기란 쉽지 않다. 이 책은 저자의 현장 경험과 대학이나 센터 등에서 학생들을 가르치며 조언해온 좋은 인물사진을 찍기 위해 행동하고 고려해야 할 모든 것을 담았기 때문에, 사랑하는 가족이나 연인, 친구를 찍으며 누구나 한 번쯤 해보았을 고민인 '어떻게 하면 더 아름답고 멋지게 찍을 수 있을까?'에 대한 해답이 되어줄 것이다.

### 섭식장애로 고통받는 사람들에게 용기를 주는 책
# 섭식장애로부터 회복에 이르는 길
캐롤린 코스틴·그웬 그랩 지음 | 오지영 옮김 | 값 16,000원

이 책은 현대인들이 지혜롭고 현명하게 이 시대를 살아가기 위해 도움을 주는 길잡이로서, 서양고전의 정수만을 모았다. 플라톤의 『향연』, 토마스 홉스의 『리바이어던』, 안토니오 그람시의 『옥중수고』등 15편의 서양고전을 통해 사랑과 행복, 도덕론, 정치, 대중, 교육 등 우리 사회를 관통하는 굵직한 맥락들을 한눈에 알아볼 수 있다. 필요한 문제를 해결할 열쇠를 찾는 것처럼 읽다 보면 이 책의 진가를 느낄 수 있을 것이다.

스마트폰에서 이 QR코드를 읽으면
'소울메이트 도서목록'과 바로 연결됩니다.

# 독자 여러분의
# 소중한 원고를 기다립니다

★ 소울메이트는 독자 여러분의 소중한 원고를 기다리고 있습니다. 집필을 끝냈거나 혹은 집필중인 원고가 있으신 분은 khg0109@hanmail.net으로 원고의 간단한 기획의도와 개요, 연락처 등과 함께 보내주시면 최대한 빨리 검토한 후에 연락드리겠습니다. 머뭇거리지 마시고 언제라도 소울메이트의 문을 두드리시면 반갑게 맞이하겠습니다.